マスコミと官僚の小ウソが日本を滅ぼす

Takahashi Yoichi

髙橋洋一

産経セレクト

S-010

国を壊すマスコミと官僚の小ウソ――はじめに

２０１８年6月4日、財務省は「森友学園案件に係る決裁文書の改ざん等に関する調査報告書」を公表した。危機管理という点において、財務省ＯＢの筆者から見ると、ちょっと信じがたいものだった。

危機管理の鉄則は、早めに記者会見を開き、「第三者委員会を設けたのでその結論を待ちたい」として一種の時間稼ぎをすることだ。

これは、どのような不祥事の時でも同じである。最近、日本大学の「危険タックル問題」があり、大学の危機管理能力が問われたのは、問題の試合から1カ月近く経ってから第三者委員会を立ち上げたことについて、そのスピードが遅すぎるということだった。その間、記者会見も中途半端で、火に油を注ぐ格好だった。

財務省の場合、第三者委すら作っていない。例の前事務次官のセクハラ問題についても、不徹底とはいえ弁護士事務所に依頼したくらいだったが、文書改竄《かいざん》では、そうした形跡すらなく、財務省名で調査報告書が作られた。そもそも、身内で作られた報告書というだけで、外部に対する説得力は皆無である。

危機管理の観点では、第三者委の設置が遅かった日大と比べても、第三者委すら作らなかった財務省はちょっとあり得ないほどのお粗末さだ。

筆者の感覚からいえば、文書改竄が部内で分かった段階で第三者委を設置する。国会からの問い合わせと並行して第三者委による部内調査を行い、大阪地検が財務省関係者の不起訴処分を発表する日（今回の場合は5月31日だったが）に合わせて中間報告を実施し、時機を見て最終報告をするというものだ。

さらに、あれだけの文書改竄を行えば、刑法には問われなくとも、信用失墜行為として国家公務員法違反である。その場合、停職3カ月ではなく懲戒免職相当である。そういう処分であれば、退職金は全て返納となり、国民にも納得感が出てくるかもしれない。

身内の報告書による処分では甘めになることは避けられず、国民の信頼を回復するのは不十分である。

しかし、そもそも財務省をここまで追いつめた「森友学園問題」、そして「モリカケ」とまとめて呼ばれた「加計《かけ》学園問題」とは、何だったのか。

森友問題の発端は、２０１７年2月9日付の朝日新聞朝刊社会面「大阪の国有地学校法人に売却　金額非公表　近隣の1割か」という記事だった。

財務省の出先機関、近畿財務局が大阪府豊中市の国有地を近隣の10分の1の値段で大阪市の学校法人、森友学園に払い下げ、売却額を非公表としたとする内容だ。土地に大量のゴミが埋まっていたことから、土地価格が8億円値引きされ約1億３０００万円になっていたことが判明し、その妥当性が国会で議論された。

野党や一部マスコミは森友学園前理事長の籠池泰典被告（詐欺などの罪で起訴）が安倍晋三首相の昭恵夫人と面識があることなどから、財務局が首相に「忖度《そんたく》」して値引きしたとのストーリーを描き、しつこく追及した。

一方、岡山市の学校法人、加計学園をめぐっては、国の「国家戦略特区」制度を活用して愛媛県今治市に52年ぶりに大学獣医学部を新設する計画について、野党などが同学園の加計孝太郎理事長が安倍首相の旧友であることを最大の理由に、「加計ありき」の疑惑があると追及した。

朝日新聞が17年5月17日付朝刊1面トップで「新学部『総理の意向』」「文科省に記

録文書」と報じると、追及はヒートアップした。前文部科学事務次官の前川喜平氏が「加計ありきだった」「行政がゆがめられた」と〝告発〟し、野党や一部マスコミは、前川氏の発言を無謬《むびゅう》であるかのように利用した。

しかし、森友問題での「総理の関与」、加計問題での「総理の意向」という安倍総理に関するそれぞれの「疑惑」は、実際はあり得ないようなものだった。

本書で詳しく述べていくが、森友問題は、近畿財務局が国有地売却時の原則である公開入札を行わず、地中のゴミに関する開示が不十分だったために、籠池被告と近畿財務局の間でトラブルになったことが本質的な原因である。「総理の関与」など考えられないような地方案件である。

加計問題も、文科省が学部新設の認可申請を門前払いするという前時代的な規制を緩和する小さな案件だ。「総理の意向」などあり得ないことは、公開文書で簡単に分かる。

規制緩和したのは、学部新設を「申請」できるようにするという、「総理の意向」なしでも可能な、当たり前の話である。新設を「認可」するかどうかは改めて文科省が行い、その文科省認可は「保留」という結論だった。本当に「総理の意向」があったならば、保留などするだろうか。実際に、林芳正文科相が学部新設を認可したのは17年11月。朝日新聞による「総理の意向」文書報道から半年後だ。

これらの両問題の流れはそっくりである。まず、総理と当事者の関係を指摘する。両当事者とも総理（または総理夫人）と知り合いであり、これらは事実だ。そこで、「知り合いだから便宜があったはずだ」と、論理が飛躍する。

それを信じさせるような客観的な証拠があれば別だが、それがない。当初あったのは、森友問題では籠池被告の証言、加計問題では前川氏の証言だけである。しかも、それらはかなり信憑《しんぴょう》性に欠けた。というのは、前者では第三者の書いた「鴻池《こうのいけ》メモ」、後者では文科省と内閣府が合意し公表された国家戦略特区ワーキンググループの議事録にそれぞれ反しているからだ。

しかし、ほとんどのマスコミはそうした客観的な事実は報じないで、安倍批判のみを報じる。特にひどかったのは加計問題で、国会において加戸守行・前愛媛県知事らが証言しているが、テレビにおいて報じられたのは圧倒的に前川氏の発言ばかりだった。

いずれにしても、両問題ともに、総理夫妻の知り合いなのだから「関与」や「意向」があったはずという思い込みで報道され、責任を追及した。その結果、ないことを証明すべきだという「悪魔の証明」になってしまった。「疑惑」を追及するマスコミはもっと決定的な証拠を提示すべきであった。

こうした「疑惑」だけで報道を煽《あお》ったのが改憲に反対する一部の左派マスコミだった。改憲姿勢を打ち出す政権を叩《たた》きたいがあまり、事実を報道せずに攻撃したことで、報道の質の劣化ぶりを露呈してしまったのだ。

丹念に時系列に沿って、様々な事実を述べながら、報道するのがジャーナリストだろう。しかし、「モリカケ」を報じるマスコミは、都合のいい事実のみを述べ、自分の都合のいい主張をする「活動家」に成り下がった。しかし、その姿勢は、本やインターネットなどによって読者に見透かされていた。

それを端的に示したのが、18年6月19日の加計理事長の記者会見とそれに対する朝日新聞の社説だった。

加計理事長の記者会見の内容は、既に加計学園が明らかにしていたように、愛媛県に間違った情報を与えたことを謝罪するものだった。これに対して、マスコミは、この時期に会見する時期が悪い、会見する場所が悪い、会見する時間が悪いと、批判した。

内容についての批判ができないと、記者会見のやり方の批判をするようでは、マスコミはもう終わりだろう。

世間に周知させる方法は、今はいろいろあって、マスコミだけはない。例えば、マスコミ相手の記者会見ではなく、ネットでライブ発信して一定期間の問い合わせに応じるといったところも今後は出てくるだろう。専門知識がなく、活動家まがいの行動しかできないマスコミはいずれ不要になるだろう。

朝日新聞は、6月20日の社説で加計氏の記者会見のやり方を批判し、相変わらず解明されていないとした。解明されていないというのは、自社の調査での「納得できない」という人が75％という数字だ。

その翌日の21日、朝日新聞は森友学園問題での社説を書き、やはり「決着がついていない」との自社の調査での79％という数字をあげた。

本書を読んでもらえれば、「モリカケ」についてマスコミが決め打ちするストーリーがいかに馬鹿げているかもわかるだろう。

なぜ、こうした数字になるかといえば、「モリカケ」で、朝日新聞の報道だけを読んでいる人は、本書に書いたような問題の本質（森友問題では、豊中市に実質的に2000万円で売却した野田中央公園、加計問題では特区が認可ではなく認可申請しかやっていないこと）が、そうした一部マスコミでは報道されないので、歪んだ報道を信じるのだろう。そうした人たちは、簡単に騙《だま》される人でもある。

「モリカケ」は、1年半以上もマスコミが追及しても何の成果もでていない。日本の一部マスコミが見捨てられた契機になったものとして、後世の史家が語るだろう。

本書は、夕刊フジで2010年から連載中のコラム「『日本』の解き方」を元に加筆している。このコラムは現役の財務官僚も省内で回し読みしていると、ある方面から聞いた。

書名は『マスコミと官僚の小ウソが日本を滅ぼす』としてもらったが、マスコミのつく小ウソとは、事象に無知なため無自覚につく嘘のことだ。また、官僚の小ウソとは自己保身、私怨などによる周到で姑息な嘘である。

無知のウソ、バカのウソ、保身のウソ、私怨のウソ……。

一つひとつのウソは小さなものであっても、その積み重ねが国を壊しかねない。

日本が滅ぶ前に、本書によってこの亡国の危機に気づいてくだされば、望外の喜びである。

２０１８年７月

髙橋洋一

マスコミと官僚の小ウソが日本を滅ぼす

◎目次

装　幀　神長文夫＋柏田幸子
ＤＴＰ　佐藤敦子
写真提供　産経新聞社

第1章

大ウソに乗ったマスコミの小ウソ

「総理の意向」文書は二流、三流品

2017年5月、加計学園による獣医学部新設について、「総理のご意向」などと記された出所不明の文書の存在が報じられた。どのような人物が作った文書だと読み取れるか。そしてその内容に重要な問題は存在するのか。

5月17日の朝日新聞で報じられたこの「文書」は、日付がないものであった。これに関して、菅義偉《すがよしひで》官房長官は「作成日時も作成部局もない」と記者会見で述べた。すると翌18日に報じられた「文書」は、作成日時と出席者が特定されていた。政府がどうコメントするかを読んでいたような2日連続の報道だった。

もっとも、政府はこの「文書」がどこから出ているのか、特定できているのではないか。

筆者が気になったのは、朝日新聞の報道と同じ日に、民進党（現・国民民主党）の玉木雄一郎議員が「文書」について国会質問したことだ。

論理的可能性としては、（1）朝日新聞と民進党が同時に独自に入手（2）朝日新聞が入手し民進党に渡す（3）民進党が入手して朝日新聞に渡す――の3つが考えられる。（1）の場合、朝日新聞と民進党は誰かの「怪文書」に引っかかった可能性もある。（2）の場合、報道機関として朝日新聞は失格だ。そして（3）の場合、出所不明の文書では質問できないから、朝日新聞を使って報道させて質問したとすると、民進党も政党として失格となる。

連日の報道をみると、（1）の朝日新聞と民進党が同時に独自に入手した公算が大きいように思える。もっとも、報道機関としては、「文書」に「総理の意向」と書いてあれば、新聞記者であれば裏を取らなければならないだろう。一番の方法は、書いた当事者に確認することだ。もしくは、首相の側近や安倍晋三事務所に確認を取ることだろう。

しかし、それらは徹底されていたのだろうか。文書に名前が記されている内閣府の藤原豊審議官は5月18日の衆院農林水産委員会で、「内閣府として『総理のご意向』などと申し上げたことは一切ない」と述べた。

藤原氏は担当審議官であるが、首相と直接会ってその意向を聞くような立場ではない。国家戦略特区の会議で首相の発言を聞いているだけというのが実際のところではないか。

新聞報道されたものをみると、5月18日に朝日新聞が報じた文書は、「作成日時」

と「出席者」は特定されていないものの、場所が記載されていないうえ、発言者の発言そのものではなく「概要」というもので、仮に官僚が書いたとしても情報価値の低いものである。

筆者は役人時代に「お前が理解したことを書くのではなく、誰がどういう発言をしていたかを書け」と指導されていた。そうした意味で、「概要」は書いた人の主観が入り込むので資料メモとしては二、三流品である。

「総理のご意向」と書かれていても、書き間違っているといわれたら二の句が継げないのではないか。

報道された文書は、内容をみると文部科学省のものであるが、政府は文書の存在は確認できないとしている。民進党が入手先を明らかにすれば、文書の存在確認はできるはずだが、なぜかそこまでやっていない。政府がつかんでいるという入手先を恐れているのだろうか。

ランクの低い官僚のよくある手法

文部科学省の前川喜平・前事務次官は２０１７年5月25日に記者会見し、獣医学部新設をめぐり「総理のご意向」などとした文書を「本物だ」と発言した。民進党（当時）は大喜びし、一部のマスコミも盛り上がった。しかし、筆者の目から見れば、元官僚とは思えないほどの粗が目立つ会見だった。

発言の詳細な内容は、マスコミ各紙で報じられたが、ポイントは、（1）文書が本物（2）行政がゆがめられた――という2点だ。

（1）の「文書は本物」発言については、前節で書いたように、仮に文科省の官僚が書いていたとしても、資料メモとしては二、三流品である。内閣府側の発言と齟齬《そご》があるのでは、デタラメといわれても仕方がない面がある。

メモは、文科省と内閣府の両者が一致しないと意味がない。というのも、チェックできないのをいいことに、ランクの低い官僚が「総理の意向」を持ち出すのはよくある手法だからだ。

（2）の「行政がゆがめられた」については、前川氏は致命的なミス発言をしている。15年6月の閣議決定において、獣医学部新設を認めるかどうか検討するうえで「将来の需給見通し」などのいわゆる「石破4条件」が示されており、それらが合致していることが説明されていない――と記者会見で述べたことだ。

しかし、この4条件をチェックするのは、文科省の責任である。大学の設置認可権限は文科省にあり、文科省以外の省庁が何かやってくれるのを待っても無駄だ。もし、そのような他人任せであれば、許認可行政なんかやめたほうがいい。

もともと設置の自由があり、その上で許認可で設置の自由に制限をかけるのが原則であり、説明責任は許認可を持つ官庁にある。

獣医学部は、これまで52年間も新設が認められなかった「岩盤規制」である。そこで、戦略特区法や閣議決定で「こういうときには認める」という枠をはめた。主務官庁が認めたくないならば、その枠に入らないことを挙証できればいい。

具体的にいえば、文科省が需給見通しを出して、新設が存続不可能と証明すればいいだけだ。前川氏の会見を聞くと、需給見通しは農水省が作ってくれなかったとか泣き言ばかりで、許認可官庁としての責任はみじんも感じられなかった。

さらに問題なのは、結果として文科省が新設認可を行ったことだ。仮に首相の意向があったとしても、合理的に難しいと主張することは可能だ。

筆者は官僚時代に郵政民営化を担当していた際、「郵政解散」の影響で2カ月間予定が遅れたことがあった。当時の小泉純一郎首相は、民営化のスタートも2カ月だけ遅れるのかと担当者に尋ねた。当時の幹部は一瞬凍り付いたが、筆者は「システム上、6カ月遅らせないとできない」と発言した。2つ3つのやりとりの後、小泉氏は「分かった」と納得した。誰の意向であっても、官僚はできないものはできないと合理的に主張すればいいだけだ。前川氏は在職時になぜそうした説明ができなかったのだろうか。

記者会見では、新規参入の阻止は既得権の擁護になっているだけなのに、それが公平行政だと勘違いしている人であることも露呈した。

今回は役所文書の漏洩《ろうえい》という守秘義務違反もあり、そもそも次官を退任した理由となった違法な天下り斡旋《あっせん》もある。もともと公務員に不向きな人だったと言わざるを得ない。

天下りを「面倒見がよい」と報じる

獣医学部新設に関して文科省自身がなぜ需要見通しを作らなかったのだろうか。また、天下りを「面倒見がよい」などと肯定的にとらえるメディアも一部に出たが、この意味についても考えてみよう。

実は、「需要見通しが立たない」ことを挙げた段階で、文科省の負けは見えていた。一般論として、需要見通しを論破するのは（それがきちんと作られたものであるならば）、なかなか困難である。だが、需要見通しは複数の方程式体系からなる数量モデルであり、文系事務官僚の手に負える代物ではない。

かつて道路公団民営化において筆者は、５０００本程度の数式モデルからなっている道路需要推計モデルを2週間程度ですべて検証し、数本の式の推計に誤りがあったので再推計したところ、道路需要が数%過大になっていることを指摘した。

また、郵政民営化では、逆の立場で骨格経営試算シミュレーションを作った。民営化反対論者から「試算がいいかげんだ」と指摘されても、モデルを構成する数式とデータを公開し、誤りがあれば具体的に指摘してほしいといったところ、反対派は二の句が継げなかった。身も蓋《ふた》もない話だが、文科省には需要見通しを作れる人がいなかったのだろう。前川喜平氏は「農水省が作ってくれなかった」と恨み節だったようだが、お門違いだ。

大学の獣医学部をめぐっては52年間も新設がなかったので、一部の分野では獣医師不足も指摘されていた。そうした中で、獣医師会は、さっさと「1校参入なら容認」

というスタンスになったという。こうなると、農水省もわざわざ文科省のためにマンパワーを割いてまで需要見通しを作らなかった――といったところが実情ではないか。

本来ならこうした点をマスコミは追及すべきだが、はじめに「総理の意向」ありきで、まるで政権叩きの一環としてやっているようにみえる。

その一例が、天下りに関する「手のひら返し」報道だ。２０１７年1月、文科省による組織的な天下り斡旋問題が発覚し、前川氏も関わっていたので事務次官を辞任した。当時は前川氏を批判していたのに、ここにきて「面倒見がよい」と評する論調まで見受けられるのには驚いた。

「天下り」と「許認可」は密接に関係している。学部新設に消極的な姿勢は許認可の権威を高めることになり、天下りをよしとして、人材を送り込むことにつながるのだ。

一部マスコミは、何でも政権批判に利用したいかのようだが、安倍政権は「雇用」という最重要な経済目標をうまく実現しているので、一連の批判は必ずしも国民の支持を得ていない。言論に最も重要なことの一つである「論理の整合性」を見失うと、説得力がなくなり、長期的に読者を失ってしまうのではないか。

真逆の役人人生を送った前川氏と私

加計学園の獣医学部新設をめぐり、「総理のご意向」などと書かれた文書が「本物だ」と記者会見を行った前川喜平氏は、メディアでは「勇気ある告白者」として取り上げられている。

筆者は同年代の官僚だったが全く面識はない。ただ、はっきりしているのは、前川氏が2017年1月に辞任したのは、文科省が組織的に天下りを斡旋していたからだ。もちろん、天下り斡旋は違法である。

他方、今回の加計学園問題では、新規参入阻止、つまり既得権擁護と新規参入者への不当な差別をしながら、新規参入を進める内閣府を「文科行政への横やりだ」としている。獣医学部以外でも、他の教育分野に参入しようとする者にとっては「ブロックする官僚」として有名だったらしい。

一方、筆者の役人人生は、官邸で天下り斡旋禁止（これは、第1次安倍政権時代に筆者が企画立案した国家公務員法改正によるものだ）と、特区による新規参入を推進しており、前川氏とは真逆だったといえる。

あまり知られていないが、実は「天下り」と特区による参入のような「規制緩和」

には密接な関係がある。許認可を厳しくした岩盤規制によって、天下りを受け入れざるを得なくするのは役人の常套《じょうとう》手段である。

天下りはそれほど悪くないという人もいる。おそらく、前川氏も同僚を助けて何が悪いのかと思っていただろう。確かに斡旋されて天下った人はいいのかもしれないが、その裏には、実力がありながら理不尽にも就職できなかった人や、昇進が遅れた人が必ずいるはずだ。そうした人たちの無念には思いが至らないのだろうか。

はっきりいえば、周りの役人には優しいが、天下りの背景にある大学への許認可や交付金などの補助金を私物化していることに気がつかないのだろう。

こうした意味で、天下りと許認可は切っても切れない関係である。天下りは身内の役人という既得権に甘く、それ以外の人は雇用を奪われる。新規参入の許認可も、既に参入している既得権者にとって有利で、新規参入者を不当に差別する。こうした意味で、天下り斡旋を行うことは、新規参入阻止と整合的である。

朝日新聞に「加計学園理事の内閣参与、前次官と接触」という記事があった（17年6月1日電子版）。官邸から前次官への圧力のような印象であるが、その理事は、文科省からの天下りである。天下りした人と現役事務次官が会うというのは、よくある光景だし、新学部が話題になるのは当然だろう。むしろ文科省の許認可が天下りを招いた深刻な例ととらえるべきだ。

前川氏と筆者は、「天下り」と「新規参入規制緩和」の2点で真逆の役人人生を送っており、前川氏の行動は理解を超えている。ただ、文科省の天下り問題で、あれだけ前川氏を叩いていながら、加計学園問題では前川氏擁護に転じているマスコミも一部にある。その点も、天下りと許認可問題を表裏一体として考える筆者にとっては理解できないところだ。

課長補佐級の「紙」を信じるマスコミ

加計学園問題で2017年6月、文科省から内閣府に出向していた官僚によるメールの存在が明らかになった。内閣府への出向者と本省との関係については、官僚以外ではなかなかうかがい知れない世界だ。

筆者は内閣府参事官として出向経験がある。また、内閣官房で内閣参事官の経験もある。しばしば内閣府と内閣官房が混同されるが、内閣府は一般の省庁と同格の行政機関である。財務省の背後にある庁舎など各所に点在しており、その任務は内閣官房を助けるものとされている。

一方、内閣官房は総理を直接に補佐する機関であり、官邸が主要な活躍場所である。官僚組織としては、すべての府省より上位に位置している。

内閣府は、内閣官房を助ける行政組織なので、各省庁にまたがった内閣の重要案件を手がけることが多い。プロパー職員は少なく、重要案件は基本的には関係省庁からの出向者が対応することもしばしばだ。

そこで、出向者の役割としては、自分の省庁の主張を伝えること、内閣府の動向を自分の省庁に伝えることが基本である。

今回の場合、直接関係のない部署に出向していた文科省職員が、内閣府の動向を文科省に伝えたということで、役人言葉でいえば、まさに「ご注進」ということになる。山本幸三地方創生相は官僚出身なので、この言葉が自然に出たのだろう。

こうした「ご注進」は出向者としては当たり前のことである。内閣府への出向者の人事権は内閣府にはなく、親元の省庁にある。役人の籍が出身官庁にあるためだ。

役人の籍がどこにあるのかについて「座布団はどこか」という言い方をする。筆者の場合、小泉純一郎政権で事実上の政治任用として内閣府、内閣に出向した。「親元」との関係が煩わしく、転籍を申し出たが財務省に拒まれ、第1次安倍政権になってやっと転籍できた。なお、キャリア官僚では内閣への転籍はまずないといわれた。いずれにしても、筆者は政治任用として総理、大臣直属だったので、各省庁からの出向者は情報を得ようと筆者にいろいろと接触してきた。

彼らからすれば、官邸のいい情報を親元の省庁に伝えないと、次の人事で意にそぐわないポストに飛ばされかねないのだろう。

ただ今回の場合、内閣府に出向していた文科省職員は、メールで情報を親元の文科省に伝えたらしいが、その内容が間違っていたというのは筆者から見れば驚きだった。「総理の意向」と書かれた例の文科省文書についても、いつ、どこで、誰が、何をという事実関係が曖昧で、しかも自分の憶測を加えている。そのような曖昧なメモが文科省で共有されているのにはびっくりした。

なお、「総理の意向」文書については文科省の再調査で、獣医学部の新設について「広域的に」と書き加えた文書が出てきた。「広域的に存在しない地域に限り、獣医学部の新設を認める」という意味のもので、この文言が入ったことで、大阪府内の大学に獣医師養成課程がある京都産業大は新設を諦めざるを得なかった、と解説する一部マスコミがあった。「広域的に」の文言が加わったことで、事実上、京産大が排除されたとの解釈だが、これは間違いだ。

地方行政をやっている者なら知っているはずだが、「広域的に」とは、複数の市町村に、という意味合いである。その意味であれば、京産大は申請可能だったのだ。しかし、獣医系団体からの政治力学が働いたため、1校しか新設できなくなってしまったし、加計の方が申請が先だったので、そうした事情を知っている京産大はそんな無粋なことをやらなかっただけだ。

今回、ハッキリしたのは文科省文書の「正確性」の問題だ。その程度の課長補佐レベルの書いた紙が信憑性を持つと信じ込んでいるマスコミにはいい勉強になったのではないか。

「ゲス官僚」が「正義の告発者」に

前川喜平氏は2017年6月23日、日本記者クラブでも記者会見を行った。その際、15年6月の閣議決定における、いわゆる「石破4条件」について、相変わらず「文部科学省に挙証責任はない」と言っていた。これは重大な不可解発言だ。

特区に関しては、その諸手続きを法律・閣議決定で定めている。中でも「国家戦略特別区域基本方針」はその名の通り特区に関する基本であり、これは14年2月に閣議決定されている。

その中では「規制所管府省庁がこれらの規制・制度改革が困難と判断する場合には、当該規制所管府省庁において正当な理由の説明を適切に行うこととする」と書かれている。

筆者から見れば、これは許認可をもつ規制官庁なら当然であるので、わざわざ書く必要もないことだと思っているが、国家戦略特区に関わる省庁には、文科省のような「非常識官庁」もあるために、念のために書いたのだろう。

このほかにも、会見では天下りに関して、信じられない発言があった。前川氏は、天下り斡旋の違法性について知らなかったというのだ。

この天下り斡旋禁止を企画立案したのは、第1次安倍政権時代の筆者である。このため、筆者は霞が関全部を敵に回したともいわれた。

天下り斡旋禁止は、霞が関全体で天下りについてどのように対処するかと各省人事部局が集まり協議した「有名な法律」である。それまでの天下り規制とまったく異なっていたために、キャリア公務員で知らない人はまずいない。

そもそも官僚は法律の執行を行うのが仕事だ。それなのに天下り斡旋を禁止する法律を知らないというなら、官僚失格である。前川氏は、事務次官、文科審議官、官房長という重要ポストを歴任しているので、知らなかったでは済まないはずだ。「知っていたが、必要悪としてやってしまった」というのが普通だろう。

前川氏は、官僚失格または、とんでもないウソをついていることになる。なお、その2つを兼ねていることも排除されない。

ちなみに、前川氏が現役時代に行っていた違法行為は、文科省における再就職等問題に係る調査報告書に詳しい。この報告書では、50回程度前川氏が登場しており、多くの事例において、前川氏は違法行為の実行者として記され、文科省天下り問題の中心人物であり、「天下りキング」ともいうべき人物である。

その調査により、前川氏は停職処分を受けたが、その処分前に辞職が認められており、6000万円程度の退職金を手にしたようだ。

天下り斡旋の実行者であったのであるから、懲戒免職処分で退職金なしであっても不思議ではなかっただろう。今回の騒動において、前川氏をかつて天下り問題で「ゲス官僚」とこき下ろしたのに、いまや「正義の告発者」のように扱う識者もいるらしいが、二重基準にもほどがある。

挙証責任をはぐらかす前川氏

2017年7月10日、国会で前川喜平氏らの参考人招致が行われたが、加計学園問題の構図を見ると、政府で検討された案件は、獣医学部新設の申請を門前払いしていた「03年3月文科省告示」である。これについて、内閣府側は、申請もさせないのは問題だとのスタンスであり、一方の文科省側は従来のままでいいというものだった。

文科省が新設の認可制度を持ちながら門前払いするというのは、行政手続きとしてあり得ない。もし文科省が普通の官庁であれば、門前払いではなく、一定の審査基準を作っただろう。

獣医学部の新設に関して内閣府との調整の上、15年6月にとりあえずの妥協策として、いわゆる「石破4条件」が作られ、文科省は16年3月までに検討する必要があった。しかし、需要見通しをうまく説明できず、9月まで事務交渉が行われた。

その後、それまでの交渉で出なかった「総理の意向」なる文書が文科省内で作られた。11月に「広域的」という方向が特区諮問会議で示されたが、「複数校」の設置を認めると判断した獣医師会が「1校限定」へ奔走し、17年1月に内閣府・文科省の連名で、文科省告示の「特例」が出された。

参考人招致ではいろいろな質疑が行われたが、参議院の青山繁晴議員の質問が最も良かった。青山議員は、石破4条件で文科省に挙証責任があることや、既存の獣医学部の定員水増し、さらに天下りとの関係を質問していた。挙証責任について前川氏は、当初の記者会見では「文科省にはない」と言っていたが、さすがにそれではまずいと思ったのか、はぐらかしていた。定員水増しについては、930人の定員に対し1200人までの入学を黙認している。これで「需要は均衡している」と文科省が判断するのはおかしいという質問だった。これに対して前川氏は「既存の体制でいい」と苦しい答弁だった。

天下りと規制についても青山議員は切り込んだ。前川氏は関係がないといったが、規制と天下りに関係があるのは霞が関の常識であり、規制がなければ天下りもあり得ないのは前川氏も知っていることだろう。

こうした青山議員とのやりとりから、筆者には、前川氏は事実と異なることを述べているようにも見えた。特に、前川氏と同時に招致された加戸守行・前愛媛県知事（文科省OB）の発言を対比すると、その思いはいっそう強くなった。

別の質疑で前川氏は、16年11月に「広域的」という方向が特区諮問会議で出されたが、それが事実上1校限定になるので、加計学園だけが選ばれるような仕組みだったと発言している。

しかし、もしそうなら、特区諮問会議以降、獣医師会がわざわざ「1校限定」へ奔走するはずがない。特区諮問会議の方針は「複数校」が前提である。こうしたことは官僚にとって当然の基礎知識といえるものだ。

いずれにせよ、前川氏がなぜ現役の時に異議を唱えなかったのか疑問は残った。告示特例は設置申請だけを許すもので、設置認可は文科省で行う。天下り斡旋で退職していなかったら、どうするつもりだったのか、ぜひ聞いてみたい。

懲りずに「悪魔の証明」を求める

加計学園問題をめぐっては、文科省の挙証責任が焦点になった。一方、一部メディアでは安倍首相側について「疑惑を否定する証拠がみつからなかった」とも報じられた。

報道では「加計疑惑、証拠なき否定」という見出しもあったが、これはいわゆる「悪魔の証明」である。つまり、ないことの証明は困難であるので、法のことわざとして「否定する者には、挙証責任はない」がある。

加計学園問題では、一部メディアが、安倍首相と加計学園理事長との個人的な関係を根拠として「総理の意向」が働いたはずだと主張した。この場合、証拠を提示する挙証責任は、「意向」の存在を主張するメディア側にあり、否定する側に証拠を求めてはいけない。

筆者は、文科省内メモには証拠能力がないことや、文科省と内閣府で合意済みで証拠能力があり、公表もされている特区会議議事録からみれば、文科省メモや前川氏の発言は誤りが多いことを指摘してきた。

それは、当事者である特区会議委員の記者会見や加戸守行・前愛媛県知事の国会証言、京都産業大学や京都府知事の記者会見、獣医師会会長の発言などで、おおむね正しかったことが分かっていただけると思う。

２０１７年７月24日の国会閉会中審査における小野寺五典議員の質問は、これまでの事実の積み重ねを質問して、よく整理されたものだった。つまり、安倍首相が加計学園理事長と個人的な関係があっても、それで行政がゆがめられたことはないと証明しているといえる。

本来の議論であれば、こうした「ないこと」の証明を行うのは困難である。「否定する者には、挙証責任はない」のだから、追及する側が「行政がゆがめられた」ことを証明するのが本来の議論である。筆者は、国会においても、こうした議論を筋道立てて堂々と主張すればいいと思っている。

しかし、一部メディアは、安倍首相が加計学園理事長と何回食事したとかを指摘し、あとは依頼があったはずという推論だけで、「行政がゆがめられたはずだ」という論法だけである。そして、それに関する説明がなされていないと主張し、「行政がゆがめられていない」ことの挙証責任を、否定する者に求めてしまっている。

さらに、この食事について、利害関係者との会食などを規制している大臣規範との関係を問題視するメディアも出てきた。今回の特区では申請が可能になるだけで認可は別である。この程度のことで、大臣規範でいうところの関係者になるかどうか。

いずれにしても、閉会中審査では、挙証責任がひっくり返ってしまったが、政府側の説明は「ないこと」を証明した。だから冒頭の一部メディアの報道になった。

ただ、これで終わりではない。安倍首相の「(加計学園の獣医学部新設計画の申請を)17年1月20日まで知らなかった」という発言で、再び「ないこと」の証明を求められているからだ。

半世紀の門前払いを正当化できるか

前川喜平氏が講演会の中で、規制緩和の失敗例として法科大学院のケースを挙げたとネット上などで伝わっている。法科大学院の例をもって、52年間にわたり獣医学部の新設を止めてきた文部科学行政を正当化できるだろうか。

まず、法科大学院の経緯をみよう。当初は10校設立という限定された規制緩和案であったようだ。

しかし、この10校限定案に対して、10校とそれ以外の格差の拡大、具体的には10校の法学部とそれ以外の偏差値格差が懸念された。しかも10校が都市部に偏在していることから、10校以外の大学と政財界から反対があった。結果として限定案でなくなり、多くの大学が参入することとなった。

そもそも、文科省が新設学部数を「うまく」調整できるかというと、現実問題としてはまず不可能である。文科省に限らず、将来の需給見通しなど誰にもわからない。こうした事情があるため、２０００年代になると、需給条件による各省庁の許認可は次々と規制緩和されていった。要するに、将来の需給見通しについては役所で判断するより参入する当事者に任せたほうが無難だからだ。

こうした観点からすると、法科大学院のケースは規制緩和の失敗とはいえない。それまでのがんじがらめの規制の中で将来の需給見通しを見越せない大学が、規制が緩んだときに予想通り見通しを間違ったという話である。

大学には妙な横並び意識があり、われもわれもと申請に殺到して共倒れしたが、これを何とかしろと文科省に頼むのは筋違いだ。大学はもっと生きた経済を学習し、横並びをやめ、身の丈にあった経営をすべきだというだけだ。

法科大学院のケースは、大学にとってよい教訓である。新設とはいうものの、教員は学部兼任が認められているので、ここで法科大学院から退出しても大学として大きな損害とはいえない。しかも学生の選択の自由は侵害していない。

また、法科大学院では、文科省による「10校限定」ではなく、競争が行われた結果として、大学が納得できるフェアな参入校数が事実上決まった。

少なくとも、52年間も門前払いした獣医学部より、申請に応じて認めた法科大学院のほうがましである。52年間新設不可としていた文科省行政を法科大学院の例で正当化しようとするのは、論外といわざるを得ない。

法科大学院のケースを規制緩和の失敗という人は、文科省による事前の需給調整が可能であるという前提に立っているが、そもそもその前提が無理なので、規制緩和が行われてきたのだ。

その意味では、加計学園問題では、18年度に1校だけ申請可能という限定を付けたことで、あらぬ誤解を招いた。19年度以降は現時点で白紙であるが、1校だけという限定を付けないほうがいい。

「数学必修廃止論」まで登場

前川喜平氏が週刊東洋経済2018年4月14日号で、貧困対策の一つとして、「高校中退をなくすには数学の必修を廃止するのがいい」と発言した。

前川氏の発言を引用しよう。

「高校中退を防ぐのも貧困対策の重要なテーマだ。私が行っていた出会い系バーでも女の子はほとんど中退で、親のほうが学歴の高いケースがけっこうあった。（中略）中退をなくすには数学の必修を廃止するのがいい。（中略）数学は義務教育までで十分。論理的思考力を養うために必要というが、それは国語の授業でやったらいい」

高校中退を防ぐという方向性はいいだろう。低学歴者は低所得になりがちで、犯罪率も高いことは各種の調査で示されている。

せっかく「貧困調査」で出会い系バーに通ったのだから、前川氏には延べ何人の女の子を調査し、その中で高校中退の数は何人だったのかを示してもらいたかった。さらに、高校中退の理由はどうだったのか。これも貧困調査を行ったのならば当然示せるだろう。そうした調査の成果が具体的に示されていないので、実のところ、前川氏が説く数学必修廃止論の理由はよく分からない。

高校の必修科目は、国語、地理歴史、公民、数学、理科、保健体育、芸術、外国語、家庭、情報である。ここから数学を除くのは違和感がある。

数学は、定義を定め、仮定から結論を導く学問だ。その際、数理論理だけが用いられる。この数理論理は厳密・論理的なので、言語障壁がない。つまり、外国語が読めなくても、数理論理は理解可能だ。おそらく人類が知る限りで、最も論理的な「言語」といえるだろう。筆者は、もし宇宙人と初めて会ったら、数学を使って会話するだろう。

このような「言語」を学ばないのはもったいないと思う。最も論理的なので、論理的思考力にも良い影響があるだろう。前川氏は数学を国語で代替できるというが、論理形態が異なるので難しいだろう。

なにより、数学をある程度知らないと、自然科学のみならず多くの社会科学を習得することはできない。数学の必修廃止は日本の国力を低下させることにつながるのではないか。特に、社会に必要なエンジニアの育成にも支障が出るだろう。

文科省による調査をみても、高校の中退理由は、「学業不振」が1割弱、「学校生活への不適応」が4割、「進路変更」が3割強である。つまり、数学必修を廃止しても、中退理由の1割も除くことができない。数学の必修化をやめれば中退が少なくなるとの結論を導き出すことはできないだろう。

これらの理由の推移をみると、かつては学業不振が多かったが、最近は低下しており、学校生活への不適応が徐々に増えている。

他校への転校などの進路変更はいいとして、学校生活の不適応をいかに減らすかが、中退を防ぐためには重要だろう。前川氏の出会い系バーにおけるフィールドワークに基づく具体的な対策を聞いてみたい。

天下りと局長の収賄は同じ構造

組織的天下りに続いて、子供を裏口入学させたとして2018年7月、文部科学省の科学技術・学術政策局長が受託収賄容疑で逮捕された。文科省の不祥事が相次いでいる。

文科省の組織的天下り問題が発覚したのは17年初めのことだ。文科省の報告書によれば、前川喜平・前事務次官らが中心となって行われたということで、前川氏は本来なら懲戒免職のところ、自発的辞任ということになった。

組織的な天下りが可能だということは、受け入れ先となる大学などの教育機関に対して、文科省が絶大な予算と権限を持っていることを意味している。

これは大学関係者であれば誰でも知っていることだ。国立大学なら運営交付金、私立大学なら私学助成金なしでは経営はおぼつかない。学校運営については箸の上げ下ろしまで、微に入り細をうがって規制でがんじがらめである。

文科省は教育関係者からみれば意見できる相手ではなく、紛れもなく「お上」で、従わざるを得ない。

本書でも、加計学園問題に絡み、学部新設の許認可制度は別として認可申請すら拒否するのは、行政不服審査でも起こされたら文科省が負けるのは確実だと指摘してきた。それだけ他省庁ではめったに見られないほどの強権行政だということだ。

国家戦略特区で行われたのは認可申請のアシストにすぎず、文科省が学部新設の許認可を一切手放さなかったのは、権限に対する並々ならぬ執着だろう。

予算と権限を持っている官僚が利益を受けるという意味では、天下りと賄賂は同じである。組織的な天下りを行っていたのと、個人で賄賂をもらうという違いこそあれ、全く同じ構造だといえる。

今回の場合、賄賂といっても、文科省局長の子供が受ける大学入学という利益は局長自身のものであるわけだが、入学試験の点数でゲタを履かせていたといわれており、古典的な賄賂の疑いがある。

収賄は公務員の身分犯であるので、文科省は局長を厳罰に処するべきだ。一方、贈賄側も犯罪である。それで得た補助金の返還だけではなく、一定期間、補助金のカットや新たな応募ができないといった措置が必要となるだろう。

さらに、今後の対応として、官僚の中抜きシステムも必要ではないか。「日本の財政が危機である」といった極端なあおりと文科行政が組み合わされると大変なことになる。財政が厳しいので文科行政の資金は選択と集中ということになると、ますます文科省の権限が強化されてしまう。

今回のような不祥事が起こると、教育無償化のように資金を要する政策が非難されがちだ。

しかし、資金配分の方法は官僚経由だけではない。例えば、バウチャー制度（文科予算を文科省が大学に配るのではなく、直接学生に配る方法）なら、官僚抜きで配ることが可能となる。文科省官僚に任せる今の仕組みがおかしいだけだ。

不要な仲介を官僚にさせることで権限を増すのではなく、国民が直接行政の対象になるような制度作りが求められている。

「反安倍」に使えなければボツ

左派系メディアでは、天下り問題で文科省の事務次官を引責辞任した前川喜平氏が正義のヒーローのように扱われている。財務省による決裁文書の改竄問題でも、佐川宣寿《のぶひさ》前国税庁長官を官邸の圧力の被害者のように印象づける動きや、デモで「官僚がんばれ」という人までいる。結論ありきのコメントを求めるメディアも含め、そこにはご都合主義があるように筆者には思えるのだが、いかがなものだろうか。

2017年3月、文科省による組織的な天下り斡旋が問題になっていた。天下り斡旋は、国家公務員法違反である。これは文科省の調査報告書にも書かれているが、その法律は第1次安倍政権時に成立したものだ。筆者はその企画に関わったが、当時、安倍首相が国会を延長してまでも成立に執念を燃やしたものだ。当然のことながら、天下りの主要路を断たれた官僚からは怨嗟《えんさ》の声があがった。

実は、筆者はそこで退官したが、この流れをくむ公務員改革は続き、自民党政権末期に、自公と民主が歩み寄って、内閣人事庁などの国家公務員制度改革基本法の骨子ができ、第2次安倍政権になって、内閣人事局創設に至った。これらの公務員改革を当時のマスコミは絶賛し、天下りを批判した。17年3月の文科省による天下り斡旋についても、マスコミは非難し、その首謀者である前川氏も批判されていた。

ところが、左派系メディアはそのちょうど1年後、加計学園問題で「総理の意向」と書かれた文科省文書の存在を認めた前川氏が安倍政権批判を始めると、手のひらを返したように持ち上げ始めた。ちなみに前川氏は、メディアで問題とされた新国立競技場の高額発注の責任者でもあった。

財務省による決裁文書の改竄も、公文書改竄という刑法にも触れうる問題である。それなのに、「佐川氏が忖度せざるをえなくなった」「内閣人事局があるから官僚が萎縮していた」など問題の本質からずれるコメントが目立った。

政治家から指示があれば、それは刑法違反の共犯にもなりかねないので問題だ。しかし、政治家で決裁文書のことを知っている人はまずおらず、知らなければ指示はできないだろう。

そこで、忖度とか内閣人事局の問題とかで、なんとか官邸が問題だということに持っていこうとしているのだろう。

筆者は元財務キャリアで、官邸勤務経験もあるので、官邸への忖度があったのではないかというコメントをしばしばメディアから求められる。しかし、「財務キャリアが官邸に忖度することはまず考えられない」と言うと、メディアでは使えないコメントとして扱われる。メディアはまず結論ありきで、それに合った人のコメントしか扱わないと思った方がいいだろう。

安倍政権を叩きたいあまり、「反安倍」の人には手のひら返しでも無条件に賛同する一方、エビデンスに基づく客観的な話でも、「反安倍に使えない」と断定して無視するのは、おかしいと思う。

第2章

小ウソをかくす「疑惑報道」

首相の個人的意向が入る余地はない

加計学園の獣医学部新設をめぐっては、「従来認められなかったものが国家戦略特区で急に認められた」といったトーンでの報道が多い。国家戦略特区はどのように意思決定されるのだろうか。

国会で舌鋒《ぜっぽう》鋭く質問していた玉木雄一郎氏は、父と弟が獣医で、2012年に日本獣医師政治連盟から100万円の政治献金を受けていたという。もちろんこれは違法ではないが、政治的には追及は難しくなるだろう。

加計学園問題の背景をハッキリいえば、「規制緩和の是非」だ。焦点は獣医学部新設であるが、これはいわゆる「岩盤規制」であり、その突破はこれまで容易ではなかった。

医学部や医大の新設に医師会が反対しているといった報道をこれまで目にしたことがあるかもしれないが、獣医学部もその構造は全く同じだ。経済学の立場からいえば、こうした参入障壁は有害無益である。

文部科学省は「過剰供給にならないように」（医学部であれば後ろに厚生労働省、獣医学部であれば農林水産省がいて、文科省に圧力をかけている）ということが多いが、役人が将来の需給を見通すことは事実上不可能であり、見通しを立てることこそが有害だ。

文科省の許認可に意味があるとすれば、最低品質保証程度のチェックだけであり、将来の需給調整をするような許認可方針は不必要、というよりやるべきではない。

規制緩和を推進する立場の人は、こうした原理原則に忠実だ。不合理な参入障壁がある場合、経済的な利益の逸失は大きい。もちろん、参入に当たっての許認可を一律に否定するわけではなく、品質保証程度のチェックを必要としたうえで、制度改正をして参入を認める方向で行動する。

これに対し、規制緩和に反対する立場の人は、一般に既得権側である。そのため、「新規参入を認めると、悪徳者がはびこり国民が不利になる」と説く。今の既得権者だけが最善という前提があるからだろう。そして、制度改正を阻止しようと行動する。

加計学園問題をみると、たしかに安倍晋三政権になってから、規制緩和の動きがでてきていたのは事実だ。ただし、その見直しのスピードは、国際的な感覚からいえば速いとはいえず、あくまで日本的だ。

そして、適正な手続きが取られているのであれば、加計学園の理事長と安倍首相が友人だというだけで問題視するのは無意味だ。「競合大学を排除した」との指摘もあるが、普通に考えると規制緩和推進側に排除する理由はない。規制緩和反対側がダメージコントロールとして行うことはあるかもしれないが。

いずれにしても、その手続きは「国家戦略特別区域諮問会議」で行われており、発案者は安倍首相ではない。筆者が見る限り、安倍首相の個人的な意向が入り込む余地はまずない。

そして、一般に新規参入者は進取の気性に富んだ人が多く、既得権者より社会への貢献度合いが大きいことにも留意すべきだろう。

「意向」文書は文科省内での言い訳

加計学園の獣医学部設置認可をめぐる問題では、文科省の体質が影響しているのではないかと筆者は思っている。

本書の第1章では、前川喜平氏の記者会見で致命的な誤りがあったことを指摘した。それは、閣議決定の挙証責任（需要見通しをどこが行うかという責任）は文科省側にあるにもかかわらず、それがないかのように話したこと（あるいは誤解していること）

で、自分たちの力では需要見通しが出せなかったため、内閣府に役所間の交渉で負けたに過ぎない。

前川氏は、文科省の文書に「総理の意向」が書かれていたというが、特区の議事録をみれば、獣医学部創設の是非は事務方による交渉結果なので、「総理の意向」なんてそもそもありもしない。前川氏は、部下から上がってきた文書と、文科省と内閣府が合意済みの議事録とをチェックしなかったのだろうか。

しかも、「総理の意向」という文科省の文書は、文科省と内閣府の交渉後に作成されており、文科省内での言い訳の可能性が高い。つまり、内閣府との交渉で負けたことで、「総理の意向」にした可能性すらある。

この話の発端は、文科省が大学設置認可において、獣医学部を52年間も認めてこなかったことだ。加計学園は、以前から獣医学部の新設希望があった。筆者の覚えている限りでも、小泉純一郎政権の構造改革特区で要望があった。この意味で加計学園は20年近く要望し続けてきたわけだ。

もし加計学園の理事長が安倍首相の友達という関係が反映されるのなら、第1次安倍政権時の2006年ごろに認められていても不思議ではない。実際には、獣医学会などが強烈に反対し、自民党内に反対派もいたこともあって実現できなかった。

その後、民主党政権になってかなり議論が進んだ印象だ。そして、第2次安倍政権でアベノミクスの「第3の矢」として規制改革があげられ、獣医学部と医学部の「岩盤規制」が知られるようになった。

この岩盤規制は、文科省告示「大学、大学院、短期大学及び高等専門学校の設置等に係る認可の基準」に明記されていた。

しかし、法律上の認可規定がありながら、根っこから認可を告示で否定するのは、20〜30年も昔の議論だ。需給関係が理由というのも、あまりに時代錯誤だ。

筆者は01年から03年まで公正取引委員会に出向していた。小泉政権のはじめのころであるが、需給条件を要件とする参入規制は、各省の業法では原則認められなくなった。需要見通しを役人が作るのは無理があるし、外れた場合、供給過多では供給者、供給過小では需要者のそれぞれの利益が損なわれるので、自由な競争に任せた方が良いからである。

一方、文科省の役人が相手にするのは許認可と予算で縛っている大学などだ。その相手には常に「上から目線」で接しているとみられ、内閣府と対等の立場で議論することができなかったのではないか。

文科省は、同省告示の合理性について説明できず、15年6月の閣議決定で獣医学部参入条件（需要見通し）が決定される。筆者が文科官僚なら、需要見通しではなく「資格要件」にしただろうが、20～30年前の行政スタイルを引きずる文科省ではそうした発想すらなかったのだろう。

文科省の「上から目線」の行政スタイルに困惑している教育関係者は少なくない。許認可や予算の報復を恐れて口にしないだけだ。

前川氏のような「規制緩和反対論者」が文科省行政を体現しているなら、いっそのこと、先でも触れた文科予算を直接学生に配るバウチャー制度を導入するなど、文科省の抜本的な体質改善が必要になるという意見も出てくるだろう。

省内向けの愚痴に「守秘義務」の愚

加計学園問題に関する文部科学省関係者らの内部告発をめぐり、義家弘介《ひろゆき》文科副大臣が２０１７年６月、「一般論」としたうえで「告発内容が法令違反に該当しない場合、非公知の行政運営上のプロセスを上司の許可なく外部に流出されることは、国家公務員法（違反）になる可能性がある」と述べたと報じられた。

行政は国民に公開で行われることが原則だが、目的を達成するためには、一定の秘密を厳正に守らなければならない場合もある。そこで、国家公務員法では「職員は、職務上知ることのできた秘密を漏らしてはならない」と定めている。

ここでのポイントは「職務上知ることのできた秘密」である。これは職員が職務に関連して知り得た全ての秘密とされている。税務署の職員が税務調査によって偶然知り得た納税者の家庭的事情などはその典型である。

守秘義務については、その性質上、退職後も課せられ、秘密を漏洩した場合は刑事罰（1年以下の懲役又は50万円以下の罰金）の対象である。

一方、公益通報者保護法による公益通報制度（いわゆる内部告発）がある。公益通報の対象となる「通報対象事実」とは、同法に列挙されている法規制の犯罪行為の事実等を指す。一般的には、公益通報により、守秘義務違反に問われることはない。公務員も公益通報者保護制度の対象者となっている。

その点で、義家副大臣の一般論は正しい。告発内容が法令違反でなければ、当然公益通報制度の枠外なので、守秘義務違反に問われる可能性は否定できない。

加計学園問題に即していえば、告発内容が「職務上知ることのできた秘密」に当たるかどうかが重要だ。

本書で書いてきた通り、文科省の「総理の意向」文書は、文科省と内閣府の事務折衝が事実上決着した２０１６年9月以降に、文科省がそれに対する愚痴か、議論で負けたことを「総理の意向」とするために作成された部内のメモである。

これは文書作成よりも前に、文科省と内閣府の間で議論され、公表されている特区ワーキンググループの議事録の内容とも齟齬があるものだ。単に文科省が需要見通しを16年3月までに提出できなかったことにより、獣医学部新設を認めざるを得なくなったのに、それを「総理の意向」に書き換えたという程度のメモに過ぎない。

となると、大した「秘密」とはいえない可能性もあるのではないか。

野党が加計学園問題を取り上げるのは、その裏側に倒閣運動が見え隠れしているからだろう。そこで倒閣阻止のためには、守秘義務違反という物騒な話も出てくる。

しかし、問題そのものは、内閣府に規制緩和議論で負けた文科省が、内部向けに愚痴や言い訳をしていたのが外部に出たという話に過ぎないのが実際のところだ。

役人天国が復活してもいいのか

文科省の人事をめぐり、組織的天下りで処分を受けた複数の幹部が同格ポストに横滑りとなったり、以前就いていたポストに戻されたと報じられた。

加計学園問題によって忘れられているが、文科省をめぐっては、2017年1月に発覚した組織的天下り斡旋問題があった。

その実態は、17年3月30日に公表された「文部科学省における再就職等問題に係る調査報告」に詳しく書かれている。報告書では、文科省で62件の国家公務員法違反が確認され、同日付で歴代事務次官8人を含む37人の処分が発表された。前川喜平、山中伸一、清水潔各氏の歴代事務次官を含む5人が最も重い停職（退職者は停職相当）とされた。

特に前川氏の名前は、報告書に50回程度も登場し、多くの事例において違法行為の実行者として記されている。

組織的天下りで多数の違法事例があったことを踏まえて、文科省は抜本的な省改革を行うと言明していたが、前川氏が加計学園に関する「文科省文書」の存在を言い出した5月中旬あたりから様相が一変してきた。

一連の騒動は、ひょっとしたら文科省改革を防ぐためではないのかと筆者は邪推してしまったくらいだ。

実際のところ、天下り斡旋問題を受けた文科省の抜本的な改革は中ぶらりんの状態である。17年4月7日、再就職等規制違反の再発防止策に関する有識者検討会が発足し、これまで3回会合が開催されたが、まだ結論は出ていない（註／会合は計5回開かれ、有識者検討会は7月27日、職員の再就職状況を監視する部署の新設などを含む提言をまとめ、松野博一文科相に提出した）。

こうした中で発表されたのが今回の人事だが、天下り処分者の昇任凍結は当たり前のことである。降格人事ではないので、普通の感覚では、たいしたことがないと受け止められるのではないか。一部マスコミは「異例の幹部人事」と報じているが、誰でも必ず昇任するという人事こそ、民間の感覚では異例だといえる。

公務員は、身分や給与が保障されていて、クビになるわけでない。せいぜい一時的に昇任しないくらいなので、それを愚痴るというのはぜいたくな悩みだ。

加計学園問題などに関連して、官僚人事を官邸が握っていることを問題視する声も出た。

逆に言えば、官僚人事は誰が行うのだろうか。形式的には各省の大臣である。従来、官僚は各省大臣を丸め込んで、官僚のための人事を行ってきた。前述したように、もともと官僚には身分保障と給与保障がある。その上に、自分たちで人事を行えばポストまで保障される。これでは役人天国だろう。

「官邸が人事権を持つようになった」とされる内閣人事局は、筆者らが官僚時代に企画立案したものだ。

その前提として、基本的にはクビにならない身分保障と、給与が減額されないということがある。それが守られるのであれば、ポストまで保障する必要はない。

「石破4条件」での文科省の大失敗

加計学園問題では、いわゆる「石破4条件」が注目された。石破茂氏が地方創生担当相だった2015年6月30日に閣議決定されたものなのでそう呼ばれているが、石破氏は、本人の名前がついていることを嫌っているようだ。

なにしろ加計学園問題が、安倍政権への倒閣運動の様相を呈しているので、政治家がピリピリするのは仕方ない。

石破4条件は、獣医学部新設に関して、（1）新たな分野のニーズがある（2）既存の大学で対応できない（3）教授陣・施設が充実している（4）獣医師の需給バランスに悪影響を与えない――という内容で、16年3月までに検討するとされていた。

これが作られた経緯は、17年7月18日付産経新聞「加計学園　行政は歪められたのか（上）」に詳しい。それによれば、15年9月9日、石破氏は、衆院議員会館の自室で日本獣医師政治連盟委員長の北村直人氏と、日本獣医師会会長の蔵内勇夫氏に対して、「学部の新設条件は大変苦慮しましたが、練りに練って、誰がどのような形でも現実的には参入は困難という文言にしました」と語ったという。

これが事実であれば、石破4条件は獣医師会の政界工作の成果だといえる。

その根本を探すと、文科省が獣医学部の申請を一切認めないとする同省の方針に行きつく。これは、03年3月の「文科省告示」として書いてある。いわゆる岩盤規制である。これらの規制に基づき50年以上も獣医学部の新設がなかった。

そこで、国家戦略特区の課題として、内閣府と文科省の間で、文科省告示の適否が議論された。交渉の結果として出てきたのが石破4条件だった。筆者の聞くところでは、この文言案は文科省から出されたようだ。

しかし、文科省はここで大失敗をした。前述のように高いハードルを作るつもりで、学部新設をしたい者は条件をクリアして持ってこい、と考えた。つまり、4条件の挙証責任は文科省にはないという立場だ。実際、前川喜平氏ほか、文科省関係者はそう主張する。

これは誤りだ。文科省の学部新設の認可制度は、憲法で保障されている営業の自由や職業選択の自由を制限するので、挙証責任は所管官庁の文科省にあるのだ。これは閣議決定された特区基本方針にも明記されている。

つまり、石破4条件で書かれていることは、文科省が学部新設の申請を門前払いする文科省告示の正当性を16年3月までに示さなければいけないということだ。それが示せなければ、文科省告示を廃止または改正する必要が出る。

石破4条件を検討するためには、農水省などの協力も必要だ。しかし農水省は早い段階から手を引いたらしい。その結果、文科省は16年3月までに説明ができなくなってしまった。これが真相だ。

伸ばすところを潰す文科省らしさ

加計学園の大学の図面にワインセラーやパーティールームがあったという報道があった。補助金を出すのに問題であるという。玉木雄一郎氏や桜井充氏ら当時の民進党関係者も、文科省ＯＢの寺脇研氏も同様の主張だった。

その後、現在の計画にワインセラーなどの設備はないことが明らかになったが、国内外の大学で教員経験がある筆者としては、そもそも何が問題なのかわからない。国内の大学でそうした設備を有する大学は多いし、海外でも常識だ。研究会後の懇親会もよくあるので、自前の設備を持っていても不思議ではない。加計学園問題で「総理の意向」がネタ切れになった野党や一部の報道機関が、何でも批判しているようにみえる。

その文科省は、東京23区内にある私立大学の定員増を、２０１８年度から原則として認めないとする大学設置に関する告示の改正案を公表した。この私学定員抑制について、国際的・合理的な視点から考えてみよう。

ある地域への集中は「最適都市規模理論」を使える。これに関しては「ヘンリー・ジョージ定理」がよく知られている。その実証分析をみると、集中にはメリットもデメリットもあり、東京ではデメリットが多いとは断定できないようだ。

こうした分析によって、東京への一極集中の是非が判断できない以上、政策論として、一極集中の是正を絶対視する政策は慎重に考えたほうがいい。そうした場合、長期的に都会でも地方でもどちらも選択できるような制度を作るのが、政策論として望ましい。

そこで、ふさわしい制度は地方分権だ。経済学では「分権化定理」があり、人口が一定以上の国にはかなり有効だ。簡単にいえば、中央集権より地方分権のほうが効率的になるのだ。ただし、国防等の分野では地方分権になじまない分野もある。

その流れで出てくる政策としては、東京23区の大学定員抑制よりも地方の振興であるべきだろう。17年6月に閣議決定された「創生基本方針2017」では、東京における大学の新増設抑制のほかに、地方の特色ある創生のための大学振興、東京における大学の地方移転促進、若者の雇用機会創出が掲げられている。

これらの施策の実施はいつからと期限がなく、いわば長期課題であるが、なぜか23区の大学定員抑制だけは「17年度」からとなっている。この基本方針で、「17年度」となっているのは、他にシェアリングエコノミーの整備しかなく、大学定員抑制だけが突出している。

東京23区の私大関係者は猛反対している。まず、行うべきは地方の振興であり、大学定員抑制を先にすべき理由はない。

この大学定員抑制は、獣医学部新設問題で、申請を門前払いするとして規制緩和の対象になった「告示」によって実施される。

だが、この告示は憲法違反の疑いがある。これを再び使うとは、文科省の規制体質が出ている。もちろんこんな規制は先進国では聞いたこともない。伸ばすところを潰す文科省らしいやり方だ。

前川氏の矛盾

2017年11月、文科省は加計学園の獣医学部を新設する計画を正式に認可したが、いまだに「国民の疑念は晴れない」などとする意見も報じられた。メディアや野党議員、前川喜平・前文科次官などが唱えている「疑惑」や「疑念」は、追及する価値のあるものなのだろうか。

結論から言えば全くない。この疑惑を週刊誌が報じてから9カ月程度、前川氏の発言を新聞が取り上げてから半年程度が経過した。関係者による国会証言もあったが、「総理の意向」を示すものは一つもなかった。疑惑を言い続けている前川氏も決定的な証拠を示していない。逆に、前川氏以外の関係者は、全て「安倍首相の意向や関与はなかった」と証言している。

もし、マスコミが騒ぎ立てる疑惑が真実であれば、それを補強する新たな証拠が出てきてもおかしくないが、半年程度も進展なしであれば、何もないと思うのが世間の常識であろう。

筆者は、公表資料をチェックして、前川氏のいう「文科省メモ」がいかにデタラメであるかを示してきたが、それらを覆す事実も出てきていない。

こうしたことから、今やマスコミの疑惑報道は単なる言いがかりにすぎないといっていいだろう。それでも、マスコミは新事実なしでこれまでの疑惑報道を繰り返している。

例えば、NHKは17年11月10日、「加計学園獣医学部　大学設置審　最終段階でも緊迫の応酬」と報じたが、これは、特区の役割と文科省設置審の役割を全く分かっていない事実誤認に基づくものだ。

特区で扱ったのは、大学学部認可の申請を行えるように告示改正したことを受けたもので、文科省設置審は、具体的な認可申請の後に認可審査を行うところだ。ＮＨＫ報道ではこの両者の役割を同一視した記事になっており、事実誤認ともいうべきものだ。

毎日新聞は同日「『認可すべきではない』前川氏が疑問呈す」と報じた。前川氏が言った「（加計学園は）博士課程もないのに先端研究ができるわけがない」も事実誤認だ。というのは、学部と大学院は別個のもので、同時に新設されないのはよくあることだ。前川氏が現役の官僚時代のことと、いま言っていることが矛盾している。

医学部が37年ぶりに新設され加計学園と並んで話題になった国際医療福祉大は、17年度の学部開設であるが、その時、大学院設置は認可されておらず、18年度に開設認可となった。前川氏は批判が先走り、自分がやったことすら忘れてしまったのだろうか。このような間違ったコメントしかないくらいなら、報道する価値はないと言わざるを得ない。

17年11月11日の朝日新聞社説「『加計』開学へ　これで落着とはならぬ」となると、もう驚きを超える。マスコミ報道も「やり過ぎ」というレベルになれば、「根拠なく加計学園の名誉を毀損《きそん》し、営業を妨害した」となりかねないのではないだろうか。懸念を表明しておきたい。

大学破綻への備えは天下り先の確保?

文科省は2018年4月、中央教育審議会(中教審)の部会で、各地の国公私立大の連携を進めるため、地域ごとに大学が参加する新法人を設立できるようにする新制度案を示したという。大学再編は進むのだろうか。

文科省は2019年の通常国会に新法案を提出し、20年度の運用開始を目指すという。

この新法人の目的は、表向きは「経営基盤を強化しグループの強みや特色を打ち出す」というものだ。グループ内の大学で共同教育課程を編成したり、施設・設備の相互利用や入試業務などの事務作業を共同化することで、各大学の得意分野に資金・人材を集中させることができるというわけだ。

だが、文科省の真の狙いは、これから少子化の進行で競争が熾烈《しれつ》になって、破綻する大学が出た場合、新法人を学生や教職員の受け皿にすることだともいわれている。

破綻する大学を処理する仕組みを作りたいというのは分かる。もちろん、破綻しないような政策が必要なのだが、万が一の場合、破綻もあり得るという前提の方が健全だ。

破綻に備える仕組みは、１９９０年代後半の金融機関の破綻処理策を彷彿《ほうふつ》させる。それまで金融機関は破綻しないという神話があったが、それは神話に過ぎなかった。

その当時、金融機関を潰すのはけしからんという議論もあったが、実際には「潰す」のではなく「潰れる」わけで、それを最小コストで行う必要があるということだ。

こうした意味において、大学の破綻処理の仕組みを考えるのは正しい。ただし、問題はその方法が適切であるのかどうかだ。

金融機関の場合には、破綻に伴う混乱を最小限にとどめる等の理由から、「資金援助方式」を優先することとされている。破綻した金融機関の事業を救済金融機関に引き継いで移管し、その際に救済金融機関に資金援助を行うのだ。ポイントは、必要なときに資金援助を行うが、受け皿機関を新たに作るのではないという点だ。

この方式からみれば、文科省が打ち出している新法人方式は、１つ法人が余計にできることになるので、その運営コストを考えると、必ずしも最小にはならない。

これは、大学の法人格が、国立大学法人、公立大学法人、学校法人と分立しているため、破綻時の大学事業の移管が制度的にスムーズにできないことが根本的な理由であろう。いってみれば、人為的な法人格の「縦割り」が障害になっているのだ。

その解決には、大学の法人格を一本化し、破綻時の事業移管を行えば、新法人を作らないで済む。そうすれば、新法人を作るのは文科省による天下り先の確保ではないかとうがった見方をされることもないだろう。

破綻時の仕組みは、最小コストが原則であるので、新法人設立をしない形で、できる方法を選ぶべきである。その上で大学再編を進めたらいいだろう。

「首相案件」は実際の関与を意味せず

加計学園の大学獣医学部新設をめぐり、愛媛県の中村時広知事は2018年4月、同県職員らが2015年4月、首相秘書官だった柳瀬唯夫・経済産業審議官に面会した際に記録した備忘録が存在すると明らかにした。

秘書官の発言として「本件は、首相案件となっており、内閣府藤原次長の公式のヒアリングを受けるという形で進めていただきたい」などと記されているという。「首相案件」は、安倍首相の関与を意味するものなのか。

一方の当事者である柳瀬氏が面会を「記憶にない」としているので、国会招致などで事実解明が必要となるだろう。もし柳瀬氏が県職員らと接触していたとすれば、首相の関与というより、経産省官僚らが政治課題として、以前から要望のあった加計学園を規制緩和の「目玉」に選んだ可能性もある。

本件を政策的な観点でみると、文科省の下で獣医学部の新設が50年以上も認められてこなかったという経緯がある。しかも、それは文科省告示によって認可申請を行わせないという、およそ一般常識からは考えられないものだ。これが一般企業なら、行政訴訟をすれば、確実に文科省が負けるだろう。

官僚の感覚からすれば、認可申請をさせなかった文科省を議論で論破するのは簡単な話だ。ただし、獣医学部の新設を拒む獣医師会やその背後にいる政治家を気にするだろう。

事務的に簡単なのは規制緩和であるが、政治的には自民党内に獣医師会に近い議員も少なくないことから、官僚サイドの整理として、政治案件と位置づけることはあり得るだろう。

その表現として「首相案件」と呼ぶこともあり得る。官邸では「総理」といい「首相」とはいわないので、柳瀬氏は言わなかっただろうが、相手の県職員が政治案件だと言われたときに、「首相案件」とメモすることはあり得るかもしれない。

獣医学部新設は前々から岩盤規制の象徴であり、言い換えれば事務方ではなかなかできなかったことであるのは間違いない。その意味では「政治案件」であったのは否定できない。

「事務案件」であれば、文科相告示の改正は文科相が決断すればすぐできることだ。それができなかったということが「政治案件」の証拠だろう。

そう考えると、今回の規制緩和が、「文科省認可の緩和」ではなく、認可申請を行わせる「文科省告示の改正」という不徹底なものだったことも合点がいく。つまり、政治的な抵抗があったので、認可制度まで踏み込めなかったのだ。

規制緩和段階で出てきた、いわゆる「石破4条件」などは、かなり大掛かりな仕掛けで、本件が政治案件であることを示唆している。

官僚サイドの整理として「政治案件」としても、文科省の認可制度には全く立ち入っていないので、認可プロセスの適正さは確保され、首相を含めて一切の政治関与がないことははっきりしている。「首相案件」は首相の実際の関与を意味しない。

いずれにしても、認可制度には一切手が付けられていないから文科行政はゆがめられていないが、止められていた認可申請ができたという点で文科行政は正されたといえる。

「認可」と「認可申請」を混同

加計学園や国家戦略特区について、柳瀬唯夫氏が２０１８年5月10日、国会参考人質疑で答弁したが、いまだに一部野党やマスコミはかまびすしい。特区に関しては１年経過しても間違った報道が続けられている。これはなぜだろうか。

問題の本質は、特区の行った規制緩和は、認可「申請」を許さなかった「文部科学省の告示」の改正でしかない。「認可」そのものについては一切、規制緩和されておらず、特区での便宜供与はほとんどない。

このことをマスコミ関係者に話すと、ほとんどの人は理解しておらず、それを理解しても「この点については今さら訂正できない」と言う。「この1年間、マスコミは何を報道していたのか」と、批判を浴びてしまうからららしい。

結局、マスコミが根本を理解できていないので、報道自体がまったく無意味なものになっている。

一例を挙げると、ＮＨＫのニュースサイトに掲載されている解説記事「加計学園獣医学部新設問題」の記述は誤解を招きかねない。サイトでは「今回、岡山理科大学が獣医学部を新設した愛媛県今治市は、平成28（２０１６）年1月、大胆な規制緩和を進める国家戦略特区に指定されました」と書かれているが、これは「今回、岡山理科大学が獣医学部を新設希望した愛媛県今治市は、平成28（２０１６）年1月、認可申請できないという異常な事態を認可申請できるという普通の状態にする国家戦略特区に指定されました」と修正すべきだ。

「国家戦略特区の諮問会議で獣医学部の新設が52年ぶりに認められ」という記述も「獣医学部の新設の申請が52年ぶりに認められ」が正しい。なにしろ、「認可」と「認可の申請」を混同するのは、試験の合否と試験を受けることを取り違えるくらい恥ずかしいミスである。

マスコミは、愛媛県知事が柳瀬氏の国会答弁は正しくないと言ったと報じるが、これは、試験を受けたいと「話す人」と「聞く人」の違いでしかない。

３年前の話であり、聞く人は、試験の話であって、合否には無関係なのだから、気楽に受け流しているはずだ。筆者も官邸の「準秘書官」を経験したが、大人数で陳情を受けるときには、単に「聞きおく」といって、案件をさばくだけで一人一人の発言は覚えておらずメモもとらなかった。

文科省による認可手続きは、17年４月から11月まで行われており、これは、文科省関係者だけで行われ、安倍首相も誰も関与していなかったのはマスコミでも知っているだろう。

要するに、特区によって加計学園が獣医学部新設の認可を得たかのごとく、マスコミが報道していることが間違いだ。

これは、文科省告示などの公式資料を見ればすぐにわかるし、筆者は問題化してからマスコミに説明してきたが、ほとんど取り上げようとしないし、問題の本質を避けようとしている。マスコミも分かっているはずなのに間違った情報ばかりを垂れ流すのは、政権批判に手段を選ばずという意図的な世論操作と判断せざるを得ない。

加計問題を運転免許にたとえると

加計学園の獣医学部新設をめぐり、2015年4月2日に愛媛県の担当者が加計学園関係者と官邸を訪問した際の応接メモが愛媛県にあり、そのメモの中で、柳瀬唯夫元首相秘書官が「本件は首相案件」などと発言したとされている。

これまで柳瀬氏は「記憶の限りでは、愛媛県や今治市の方にお会いしたことはありません」とのコメントを出していた。しかし、報道によれば、官邸で面会していたことを認める方向だという（註／柳瀬氏は18年5月10日の参考人招致で、加計学園関係者との面会を認める一方、愛媛県や同県今治市職員と会った認識はないと説明）。

筆者は官邸勤務の経験があるが、首相日程とともに自分のスケジュールを管理するので、会ったかどうかは調べればわかることだ。柳瀬氏も実際に会っていたのだろうと筆者は以前からいろいろな機会で言ってきた。

柳瀬氏は発言を修正すると、ウソつきと批判されるだろうが、問題が本質からかなりずれてきている。

加計学園問題の本質はこうだ。

多くの人は、安倍首相が議長を務める特区制度によって、加計学園の学部新設の認可が特例になったと勘違いしている。認可が特例になったのは、安倍首相と加計孝太郎理事長が友人だったから便宜を図られたと疑われたためだが、これは事実ではない。

もともと文科省告示によって、獣医学部新設について、大学は認可を申請してはいけないと定められていた。特区によって、この告示の特例が定められ、加計学園は認可を申請してもいいことになった。

注意すべきなのは、文科省による認可には一切手が加えられていない点だ。通常の規制緩和では、認可制度における特例が作られるが、今回はない。この意味で、特区の規制緩和は何もない。

筆者は、この点を国会でも証言している。学部新設認可を運転免許にたとえ、運転免許取得に政治家が介入しねじ曲げれば問題であるが、実際には自動車学校に入れる程度の話だ。

その証拠に、2017年秋に文科省による学部新設の認可作業が、誰の介入もなく行われている。文科省の認可の特例がないので、前川喜平氏の言う「行政がゆがめられた」は事実誤認である。認可申請をできるようになったのは普通の話なので、この意味で、加戸守行・前愛媛県知事の「ゆがめられた行政が正された」は正しい。

要するに、特区は特段の規制緩和をせずに単に試験（認可申請）を受けさせただけで、試験の合否（認可）は文科省がやっている。認可申請させないというのは、仮に行政不服審査をされれば国（文科省）が負けるので、特区はその代行をした程度だ。

特区問題はその程度の軽い話なので、柳瀬氏が忘れていても不思議でない。もちろん、官邸への来訪者はよく覚えているだろうが、話を聞く立場ではありえることだ。

柳瀬氏は愛媛県関係者らと会って安倍首相が議長を務める特区の説明をしたのだろう。ただし、官邸勤務者は「首相」とはいわずに「総理」という。それにもまして、結果として特区は試験の合否（認可）に関わっていないので、そのプロセスに「関与なし」だ。会っていても、この事実にまったく変わりはない。

1年前を繰り返す愛媛県文書問題

加計学園の獣医学部新設をめぐり、愛媛県は2018年5月、安倍首相が加計孝太郎理事長と3年前に面談し、獣医学部新設構想の説明を受けたとされる内部文書を公開した。安倍首相と加計理事長は否定している。

この約1年前の17年5月、「総理の意向」と書かれた文科省の文書がリークされた。筆者は当時、その文書を「内容が盛られた文科省当事者の一方的なメモ」と断じた。役所のメモでは、そこに書かれた人のチェックがなければ書きたい放題になることは筆者自身も何回も経験していたからだ。その後、文科省の当事者である前川喜平前事務次官ら関係者による国会審議でも、「総理の意向」などは立証されていない。

この文科省文書の例でわかるように、いくら真面目な県庁職員だったとしても、相手の確認済みでないと、盛った話が多いので、証拠能力のある公文書にならない。公明党の山口那津男代表も記者会見で「また聞きのまた聞きのようなメモだ」と言っている。

それなのに、一部野党やマスコミは、あたかも書かれたことが正しい事実かのように報道している。1年前の経験が何も生かされていない。

面談したとされる15年2月25日の新聞各紙の首相動静に記載はない。もっとも、不公表の人もいるため、会わなかったという直接の証拠にはならない。しかし、マスコミは官邸周辺の定点カメラを調べれば、出入り車両はチェックできる。加計問題が騒ぎになっていない3年前のことなので、それにも映らない官邸への秘密ルートを使うインセンティブ（動機付け）はないだろう。また、加計理事長が上京したかどうかも確認すればいいことだ。

一般論であるが、2月25日は、予算案が自然成立するかどうかで衆院予算委員会が佳境なので、アポイントメントは避けるのが通常である。

仮に安倍首相と加計理事長が会っていたとしたら、どのような問題があるのだろうか。本章で再三繰り返してきたように、特区で行ったのは学部新設の認可の「申請」であり、試験を受けさせるようなものだ。認可自体は文科省が行ったので、特区は認可とは無関係であり、試験の合否に関わっていないといえる。ここでも「安倍首相が認可に関与した」という当初の話から、首相が言った言わないという話にすり替えられている。

1年前の文科省文書の時には、前川氏は、「文科省行政がゆがめられた」と言った。ところが、事実は文科省の認可は一切変わっていないので、この発言は間違いだったといえる。特区によって認可の「申請」はできたが、これを拒否していた文科省告示は、認可制度の下で法律違反である。もし加計学園が行政不服審査で訴えれば文科省（国）は確実に負けるので、特区で申請だけを許したわけだ。この意味で、ゆがめられていた文科行政が正されただけだ。

今回の愛媛県文書はまるで1年前の文科省文書問題を繰り返しているようだ。万一事実でなかった場合、メモの提出者とそれを裏取りなしで報道した多くのマスコミの責任は大きい。

第3章　最強官庁はチョンボの果てに

当初から憶測ばかりの過熱報道

大阪府豊中市の国有地が森友学園に小学校の用地として払い下げられたことについて、２０１７年2月、「評価額より大幅に安く払い下げられた」「認可が早過ぎる」「安倍晋三首相の昭恵夫人が名誉校長（その後、辞任）」「教育方針に問題がある」など、さまざまに報じられた。

現地調査に乗り出した民進党（当時）の国会議員の中には国会を無断欠席した人もいたようだが、それはともかく、ポイントは「政治関与」である。安倍首相は関与を明確に否定しており、昭恵夫人も含めて関与が明らかになった場合は「総理大臣も国会議員も辞める」と明言した。

政治関与の話は、調べれば簡単に分かる。今回の場合、財務省理財局長、財務局長、財務局管財部長らの応接録を調べればいい。鑑定評価を調べるのも容易だ。一定額以上の売却では審議会（国有財産近畿地方審議会）プロセスもあるので、それも参考になる。これらはすでに公表されているか、情報公開対象なので、売却先が拒否しているなど一定の場合を除き、情報請求すれば公開される。

政治関与の場合、権限のない担当者に話をしても意味がないので、必ず役所の幹部に働きかけがある。一般的には政治家本人から役所の幹部へ話があることが多い。しばしば秘書が話をしにくるといわれるが、政治家本人からでなければ、役所の方も大した話ではないと放置しておくことが多いのが実情だ。

政治家から働きかけを受けた場合、役所では応接録を作る。作らないと責任をすべて役所がかぶることになるから、役人側の保身のためでもある。日時、方法、内容などが具体的に記され、どこの役所でも定型化された様式があるくらいだ。

昔は、政治家の口利きや、売却先自らが役所へ働きかけるなどして国有地を安く取得できたこともあったらしい。今では審議会プロセスもあり、外部チェックも入っているので、昔のような荒業は考えにくい。

財務省関連の情報リークで苦しめられた経験もある安倍首相は、財務省が政治家を籠絡する手口をよく知っているはずで、財務省の案件に関与したことは考えにくい。もしあれば、首相自ら明言しているように、クビが飛んでもおかしくない。

政治関与がない場合、価格算定に財務局の事務的ミスがあったかどうかという問題になる。

本件の場合、土地価格が9億円超、地中のゴミ撤去費用が8億円で、差し引き1億円超が売却価格となったわけだが、これが適正かどうかである。土地価格は鑑定評価を使い、ゴミ撤去費用の算定は国土交通省のものを使っている。それらが不適切であれば、財務局の事務ミスということになる。

一部で報道が過熱したが、政治関与に絡む報道は現状では憶測ばかりのように見える。首相夫妻に絡める形で、政治関与をほのめかすような報道も多かった。簡単に公開情報で分かったり、情報公開請求できたりするものばかりなのに、ファクトに基づく報道をせずにミスリーディングになっていたとしたら問題である。

「首相の政治関与」で突っ走る

国会の論戦は森友学園問題に終始する印象だ。参院で野党が追及すべき問題はほかにないのか。

この問題は「国有地を近隣地より安く売却しており、その相手先の名誉校長は首相夫人で、政治関与についても疑われる」といったトーンで報じられ、一気に盛り上がった。ところが、安倍首相は政治関与を否定し、「もし関与があれば首相を辞める」とまで明言した。

ちょっと考えてみれば、安倍首相が政治関与してまで財務省に弱みを握られるはずがないと分かりそうなものであるが、一部のマスコミは確たる証拠もないまま「首相の政治関与」で突っ走ってしまった。首相の政治関与がなければ、もし他の政治家の関与があったとしても、結果としてマスコミ報道はミスリーディングだったといえる。

仮に政治関与がなければ、財務省の出先機関である近畿財務局の事務ミスだった可能性が浮上する。ミスとは、できるだけ高く売るべき国有財産について入札をせずに随意契約にしたことだ。入札で決まった売買価格であれば財務局のミスにはならない。また、随意契約で地中ゴミに関して鑑定評価額から財務局の判断で差し引いたこともミスだ。これも含めて第三者の鑑定評価に委ねるべきだった。

政治関与は不発に終わる可能性もあるが、財務省の国有財産売却態勢を再検討するというのは、野党による追及のネタとしてどうだろうか。

２０１７年2月21日の衆議院予算委員会公聴会で、筆者が公述人として意見陳述した。そこで主張したのは、財務省が政府のバランスシート（貸借対照表）の右側の負債額のみを強調する異常さだった。資産は売却できないという主張の裏には、天下り先に資金提供しているので売却したくないという官僚心理が働いていることも指摘した。その延長線で、天下りに関係のない国有財産についても売却に熱心でなかったように筆者には思えた。

実際、国有財産の売却の実担当者である地方財務局の管財部長は財務省キャリアのポストではない。財務省本省で国有財産を担当するのは理財局であり、理財局長はもちろん財務省キャリアである。ただし、担当課長になると財務省キャリアでないこともある。キャリアであっても主流ではなく、マージャンにたとえれば「端牌《はじぱい》」扱いともいわれる。

要するに、国有財産売却について財務省として力が入っていないのだ。

それは、財務省が政府のバランスシートの右の負債だけを強調し、左の資産を無視することにもつながっている。財務省は増税の必要性を強調するが、その一方で重要な国有財産の売却について事務ミスを犯し、結果的に税外収入を少なくしていたとしたら、あまりにちぐはぐな対応だといわざるを得ない。

こうした観点からも、政府としては、保有する天下り先への出資金や貸付金を含めた資産の売却を、増税の前に真剣に検討すべきである。

「売却できないから増税」では国民が許さない。

劣化した最強官庁の情報管理

森友学園問題が国会で紛糾しているが、怒っている人は何に怒っているのか。（１）森友学園の教育方針（２）国有地の低価売却（３）政治関与――の３つにわけて整理する必要がある。

（１）の教育方針については基本的に趣味の領域だ。教育基本法違反にでもなれば問題だが、現状ではそこまででもない。であれば、社会問題として重要性は低い。（２）の国有地の低価売却では、記録がないことを含め財務省（財務局）の事務ミスである。（３）の政治関与については、今のところ鴻池祥肇《よしただ》元防災担当相が関わっており、いわば「鴻池案件」である。頻繁に接触があったようで、これほど頻繁になると、国会議員レベルで他の人が関与している可能性は低くなる。となると、安倍首相が自ら公言しているように無関与の公算は高まっている。

一方、（２）の国有地の低価売却については、会計検査院が調べるのは当然であり、新たな問題が出なければ、それで収束するかもしれない。

ただ、この点について２０１７年2月、国会審議の中で、財務省が交渉記録を廃棄したと答弁した。たしかに、今の文書管理規定上はそれでもいいのだろうが、旧大蔵省に入省し、同省の情報管理が霞が関随一だったことを知る筆者としては釈然としない。

かつての同省はどのように情報を集めて管理し、どう利用していたのか。

筆者の個人的なことから始めよう。筆者は大学までノートをほとんど取ったことがなかった。旧大蔵省に入省して一番困ったのは紙（メモ）が書けないことだった。会議に出席してもその内容を口頭では報告できるが、旧大蔵省ではすべて紙に書かねばならず、はじめはそれができなかったのでひどく叱られたものだ。同省では、どのような些細《ささい》な話でも紙に書き、上司に報告することがシステム化されていたのだ。

各部署で作られた情報メモは、その重要度に応じて幹部や関係先に配布されていた。配布先を決めるのは、書いた人ではなく各局の企画担当だ。重要度に応じて、「取扱注意」「秘」「極秘」のハンコが押されている。旧大蔵省に入省した新入生は、その情報メモを持って、各局の企画担当に届けていた。メモを手に廊下を駆けるので、「廊下トンビ」と呼ばれていた。情報内容は「廊下を走っている内に読んで頭に入れておけ」と指導を受けた。

旧大蔵省では、他省庁に張り巡らした情報網から人事関連の情報も入っていた。某政治家はそれを知って驚愕《きょうがく》、絶句していた。

これらは筆者の知っている昔のことである。今はどうなっているのか、正直なところ分からない。筆者が役人を辞めた直後に国家公務員改革基本法が成立し、その後、公文書管理法も成立した。法令上、記録・保存義務のあるものは、かつて旧大蔵省で行われていたものの一部でしかないようだ。しかし、その程度の記録・保存しか行われていないとすれば、行政の継続性など、今の仕事の質は間違いなく落ちているのだろう。

外交の現実を知らない議論

森友学園問題で、安倍首相の昭恵夫人の立場について「公人か、私人か」などと問題視する声が出た。

まず、「公人」の意味を明確にしておこう。広辞苑によれば、「公職にある人」とされており、過去の政府答弁においても、公人の定義として採用されている。公職にある人には辞令が交付されるが、首相夫人の場合には辞令交付はなく、この意味で公人ではない。

海外においても、首相夫人や大統領夫人について辞令交付しているという例は聞いたことがないので、その意味で公人とは言いがたい。日本政府も、「首相夫人は公務員としての発令をしていないので、公人ではなく私人である」という見解を国会で述べている。

野党は、首相夫人が森友学園が運営する幼稚園で講演した際、専属でサポートしている政府職員が同行したので、公人であると政府を批判した。

これに対し、首相夫人の講演は私的活動であり、政府職員の同行は連絡調整等のサポートのためで、私的活動そのものをサポートするものではないと政府から切り返されている。

このように、公人の定義を明確にしないまま、公務員のスタッフがいるから公人と決めつける議論には意味がない。むしろ、重要なのは、その活動が公のために有益かどうか、特定の私的活動への不当な利得になっているかどうかだ。野党はこうした質問をすべきである。

昭恵夫人が森友学園の名誉校長になっていた件では、安倍首相などを通じて不当な政治関与をしていたわけではないので、特段の問題はないといえる。

しかしながら、名誉校長という正式な役職ではないものの、森友学園理事長らに利用され、特定の個人や団体の広告塔になっていると一般から誤解されてはまずいだろう。この意味で、昭恵夫人は名誉校長を引き受けるべきではなかったし、もっと早く辞めるべきだった。

マスコミの中には、外遊などの活動は全て公費であるから公人だという議論もある。

しかし、これは外交の現実を知らない議論だ。外交の際の夫人同伴は常識である。筆者はかつて外交関係者から、「ハニートラップを仕掛けられないようにするための未然の防止策だ」と聞いた。

そんなバカなと思うかもしれないが、想像できないようなことも外国では起こる。転ばぬ先の杖であり、相手国に対する礼儀でもある。

首相夫人の行動は政治的に大きな影響力があるから、公人か公人に準ずるという議論もある。これも、首相夫人の活動が公益に資するものか、特定の私的活動のためなのかで判断すればいい。ということであれば、首相夫人への取り決めを画一的に作るというより、活動を常識的に行うという程度にしかならないだろう。

こうした話は取り決めを決めるまでもなく、首相と夫人間で話をすれば十分である。

入札手続きをサボった「弱み」

森友学園をめぐる騒動は原点、つまり国有地売却に立ち返るといい。

「大阪府豊中市の国有地は、2010年3月に9492平方メートルが豊中市に売却された。8770平方メートルについては、15年5月に売買予約付き定期借地権付き貸借契約を森友学園と締結し、16年6月に公共随意契約で同学園に売却された。

豊中市との売買価格は14億2300万円だった。しかし、この売買では国交省と内閣府から補助金14億円が交付され、豊中市の09年度決算で実質負担は2300万円だった。

この売買直後、地中のゴミの存在について国から豊中市に連絡されている。この順序だと、近畿財務局（国）と豊中市の間で一悶着《もんちゃく》あっても不思議ではないが、豊中市としては、結果として実質負担がほぼなしだったためか、大きな問題となった様子はない。

森友学園と近畿財務局との関係は複雑だ。その交渉は、鴻池祥肇元防災担当相が暴露した「鴻池メモ」に書かれている。このメモに関する国会質問について、近畿財務局の親元である財務省は「答弁を差し控える」としているが、メモは騒ぎが大きくなる前に書かれたものであり、籠池泰典氏の証言より、筆者には事実に近いと思える。

「鴻池メモ」では、森友学園が13年9月に土地取得に名乗りをあげてから、15年5月の貸借契約まで、2年近くも森友学園と近畿財務局の間で賃料の折衝が行われたことが記録されている。財務省の折衝記録は公開されていないので、今のところ「鴻池メモ」をベースにするしかない。

そこでは、近畿財務局から15年1月、賃料として年間4000万円の提示があったと書かれている。一方、森友学園の希望は年間1200万円で、値引きするように籠池氏が鴻池事務所に頼んでいる。

また、16年3月のメモでは、近畿財務局から15年9月に工事業者に不当な提案があったと、近畿財務局への怒りがある。

鴻池メモには、事務所の「陳情記録」のほかに、工事業者が作ったと思われる「打ち合わせ記録」もある。15年9月のものには、近畿財務局から工事業者に、ゴミ処分費用が予算化できないので、ゴミの場内処分（ゴミの埋め戻し）の提案があった。籠池氏は、この近畿財務局の対応に怒ったわけだ。

そもそも、近畿財務局が提示した賃料4000万円は、ゴミのないきれいな更地を前提にした価格だ。しかし、近畿財務局が森友学園に賃貸した土地は、豊中市に売却した土地と隣接していたので、地中にゴミがあるのは容易に推定できたはずだ。それを言わずに、さらに処分費用も出さずに場内処分では、不誠実な対応だとして森友学園側に訴えられてもやむを得ない状況だったと読み取れる。

こうした経緯の後、賃借契約が売買契約に変更される。例の8億円値引き話は、この経緯から見れば自然だろう。

筆者はこう推測する。本来ならゴミを除去して公開入札すべきだったが、近畿財務局が手続きをサボったため、随意契約で購入する森友学園側に弱みを握られてしまったのではないか。

国有地売却問題は再び起こる

森友学園問題をめぐって2017年11月、会計検査院の指摘などがあり、特別国会の予算委員会でも野党が追及した。

本書で筆者は、この問題は財務省の地方組織である近畿財務局の事務的なチョンボであり、その背景には官僚に裁量を与え過ぎている現行の仕組みに問題があると指摘してきた。

財務省OBの筆者としても、杜撰《ずさん》な事務処理に驚いた。会計検査院の報告書でも、これらが確認された。

もっとも、会計検査院の報告書では、筆者が指摘したような「入札」にしなかったという点には全く言及せずに、「随意契約」で合理的な価格算定など見積もり合わせをしなかったことを指摘している。「入札」にしておけば、こうした手続きは不要であるので、やはり近畿財務局の事務的なチョンボであることは疑いない。

こうしたこともあって、筆者の最初の直感は「首相などの関与はありえないだろう」というものだった。その後、国有地売却に関する「鴻池メモ」が出てきて、筆者は首相などの関与がないことを確信した。このような個別案件で、複数の政治家が絡むことはまずないからだ。

にもかかわらず、マスコミと野党は首相などの関与に固執して時間を浪費した。特に、籠池泰典被告らが作ろうとした小学校が、安倍首相の名を冠していたという前提でのマスコミ報道や野党の追及があったが、事実無根だった。

17年4月上旬には、財務省から、記録保存に関して決定的な虚偽の国会答弁もあった。その時、筆者はツイッターなどで答弁がウソだと書いたが、マスコミや野党は首相などの関与にこだわり、絶好のチャンスを逃した。

そうして時間を浪費しているうちに、財務省は6月下旬に問題の国有地を売却価格で買い戻した。これで事務チョンボがあったものの、売却で国民に損失を与えたわけではなくなった。財務省のダメージコントロールである。

財務省は、今後の対策として、合理的な価格算定や文書の保存について見直しをするという。要するに、官僚に裁量を与えたままという前提はスルーしている。財務省官僚の国会答弁にあった「法令に基づくもの」という「法令」とは、法律ではなく官僚が事実上決められる政令や省令などが含まれている。このままで、国会はいいのだろうか。

そして、公共的な国有地売却について入札を使わない現行制度を見直すつもりはないようだ。これでは国有地売却で再び問題が発生するだろう。

また、問題になった文書の「保存期間1年未満」というのは、資料が紙ベースだった時代の名残だ。電子化の時代に1年などの期間の限定があるはずがない。

こうした点について、国会らしい追及をしてもらいたい。それとともに、政府においても、国会での虚偽答弁や現行法令内での懈怠《けたい》行為などは言語道断なので関係者の処分をきちんとすべきだろう。

「口利き」は違法か合法か

２０１７年12月、園田博之元官房副長官が、資金提供を受けたＮＰＯ法人から相談を受け、当時の国税庁幹部に電話し、税務調査について再調査を求めていた――と報じられた。いわゆる「口利き」は、政治家の仕事としてあってはならないものか。そして、違法と合法のボーダーラインはどこにあるのだろうか。

日本の「政」「官」「民」は、しばしばジャンケンの関係といわれる。政は官に強く、官は民に強く、民は政に強いという三すくみの構造だ。こうした中、政が民から情報を得て、その情報を官に伝えることには、一定の合理性がある。ただし、これにカネが絡むと問題は複雑になる。

民が官に賄賂を渡して、官から利益を引き出すのは、贈賄罪だ。ここで、官が民から賄賂をもらうのは収賄罪となる。

これに政を絡ませるのも犯罪だ。政が民からカネをもらって、官に権限に基づく「影響力の行使」をすれば、あっせん利得処罰法に抵触する。

実際、甘利明・元経済再生相の秘書がカネを受けて、政府の独立行政法人である都市再生機構（UR）へ「口利き」をした問題があった。しかし、検察は立件に至らず不起訴処分になった。「口利き」といっても、「影響力の行使」があるかどうかで、違法になるかどうかのボーダーがあるわけだ。

もちろん「口利き」全てが違法とされるわけではない。上記の問題を参考にすれば、例えば、議員や秘書が「何とかしてほしい」と言った程度では「影響力の行使」とはいえず、「議会で取り上げる」「人事異動させる」といった、脅しにも似たような強い働きかけがないと、「影響力の行使」とはいえないだろう。

筆者も旧大蔵省の官僚時代に税務署長を務めた際、政治家などから「口利き」を何度も受けたことがある。多くの場合、政治家は自分の支援者の前で官僚に話を伝えたという支援者向けのポーズであり、強い働きかけではなかった。

政治家からの話があった場合でも、筆者は担当者に事情を聴くまで、何か特別の指示をしたことはなかった。この意味で、「影響力の行使」のある「口利き」の経験はない。

冒頭のケースでも、園田氏は税務調査を受けたNPO法人の関係者の前で国税庁幹部に電話をかけたといい、よくあるタイプの「口利き」であろう。その結果、税務再調査もなく、課税処分も変更されていない。となると、「影響力の行使」にはなっていないのではないか。

NPO法人は課税処分を不服として国税不服審判所に申し立てたという。これも「影響力の行使」がなかったためだろう。

それにしても驚いたのは、このケースでは「口利き」の録音があるということだ。園田氏、NPO法人、国税庁のいずれかから流出したのかもしれないが、園田氏側からとは考えにくい。

この時期に何のメリットがあって、録音を流出させたのだろうか。筆者にはその点も興味深い。

佐川答弁は嘘の上塗り

２０１８年3月、森友学園への国有地売却をめぐる決裁文書の改竄を財務省が認めた。

財務省の佐川宣寿理財局長（当時）の国会答弁に合わせるように、本省の理財局から近畿財務局に決裁文書書き直しを指示したと、麻生太郎財務相は説明した。

財務省から国会に提出された資料を見ると、内容を書き換えているというより、交渉経緯などの部分を削除したという形になっている。この点で、改竄は必ずしも悪質とはいえず、国会対策上、余計な部分を削ったという印象だ。

本省局長の国会答弁での仕事は、現場で行ったことを、当たり障りなく国会で説明することだ。それが佐川氏の場合、自分の答弁に現場でやったことを合わせるという本末転倒ぶりは、いくら批判しても足りないくらいだ。実際、佐川氏の17年2月中旬の答弁をみると、今回提示された決裁文書と齟齬をきたすような発言もしている。

筆者の直感では、佐川氏は地方財務局の経験がないので、その実務や決裁文書の流儀が分からないまま答弁したが、野党議員との質疑で追い込まれ、国会審議が乗り切れないと思い、決裁文書で交渉経緯などを削除したのではないか。

現場の近畿財務局の決裁文書は、本省から見ると余計なことも書いている。しかし、その記述自体に間違いはないだろう。

そもそもこの問題は近畿財務局のチョンボである。つまり、当初から地中のゴミを示した上で入札案件としておけば、価格の問題はなかったはずだ。それを随意契約にしただけでなく、地中のゴミに関する説明が十分でなかったために「トラブル随契」になってしまった。

そして、随意契約の相手方の籠池泰典被告は、政治家の関与をほのめかしながら近畿財務局をゆすったという案件だ。

ただ、近畿財務局は、初手では入札にしなかったというミスをしたが、その後は政治家の〝介入〟に配慮もせずに、ミスをしていない。

筆者が国会答弁するのであれば、入札にしなかったミスにはあえて言及しないにしても、随意契約の過程で「価格交渉」があったことは明かし、そのプロセスは適正であったと説明するだろう。

佐川氏は「価格交渉」がないかのように答弁していたが、これは嘘であることは各種の情報からすぐばれる。そこで、決裁文書の改竄をして、その後は「文書を破棄した」というなど嘘の上塗りを繰り返した。筆者は元財務官僚だが、本省の局長がこの程度の答弁をできなかった点に驚いている。

本省局長といえば、所管では財務省を代表できる立場だ。誠実に答えないどころか、場合によっては嘘もつくというのは、最近の財務省では、他の分野でも見受けられる。

例えば、消費増税をしないと、財政再建をしないとみなされ、国債が暴落するという意見がある。実際、10%への消費増税をスキップした際に流れた。実際に言わないにしても、その意見の親元は財務省ということが多い。財務省の信頼回復には組織解体のような荒業が必要だ。

公文書改竄で前提が崩れた消費増税

財務省の公文書改竄は、２０１８年3月の確定申告期間中に発覚した前代未聞の出来事だった。現職の佐川宣寿国税庁長官が辞任するという事態となったのだ。

米国の確定申告では、納税者は年に1回であるが、申告するときに政府に文句を言うことができるとされている。そうした習慣は日本にはないが、国税庁長官の辞任は確定申告者の怒りをかっているのは事実である。

米国、フランス、イタリアなどでは源泉徴収制度はあるが、年末調整はない。例えば米国では、会社が年末調整を行わずに、給与所得者であっても、かなりの人が確定申告を行う。

日本では、会社が源泉徴収し、年末調整を行うので、雇用者の代わりに会社が「確定申告」を行ってくれているともいえる。このため、日本の納税者は確定申告をしない人が多く、今回のような財務省の不祥事にも反応が鈍いように感じる。

20年前にも旧大蔵省で不祥事があったが、なんといっても「ノーパンしゃぶしゃぶ」という言葉にインパクトがあった。これで、当時の大蔵省の信頼は一気に失墜した。逮捕者は5人出て、大蔵大臣、事務次官が辞任した。

もっとも、大蔵省不祥事は1998年1月から4月にかけて発覚したが、その前の97年4月には消費税率3％から5％への増税が行われていた。

国民は、行政がきちんと仕事をしていることを前提として、納税の義務がある。そもそも、行政の信頼がなければ、納税しようと思えないはずだ。

こうした国民の意思表示は、選挙が最も適切である。しかしながら、衆院選は２０１７年に実施しているので、18年も行うのは適当ではない。参院選も18年は改選時期ではないので、行われない。

次の消費増税が予定されているのが19年10月からだ。その準備期間があるので、18年末に決められる税制大綱までに、８％から10％への増税の是非を決めればいい。

筆者の意見は、単純だ。財務省が国民の信頼を回復するまで、消費増税はやってはいけない。

14年４月に消費税率は５％から８％へと引き上げられたが、８％から10％への再引き上げについて、安倍政権はこれまで２度スキップした。当初の再引き上げは15年10月とされていたが、14年の総選挙で争点となり、17年４月からとされた。

２度目は16年の先進７カ国（G７）サミット後、17年４月からだった増税時期が19年10月に延期された。

たしかに、17年の総選挙で19年10月の消費増税は再確認されたが、その前提は国民の行政への信頼であった。今回の公文書改竄で、その前提が崩れた。そうであれば、消費増税は取り下げるのが筋だ。

これは、国民への不利益にならないことなので総選挙を行うまでもない。しかも、消費増税を急がなくても財政状況に問題はないのだ。

第4章　財務官僚の小ウソの手口

官僚は自分で自分のルールを作る

財務省による公文書の改竄問題では、公文書の管理のあり方をどのように改善すべきかが重要だ。

2018年3月の参議院予算委員会で、日本維新の会の浅田均参院議員から「ブロックチェーンを公文書管理に取り入れるべきだ」との質問があった。ブロックチェーンは仮想通貨にも使われている分散型台帳技術のことで、麻生太郎財務相も前向きに答えざるを得なかった。

技術面や法的な手続きなどはどうすればいいか。公文書管理法は福田康夫政権時に企画され、09年6月に成立し、11年4月から施行されたが、今の時代に合わなくなったところもある。

まず、文書の保存期間が短すぎる。森友学園問題の政府答弁では、交渉記録の保存期間は「1年未満」なので、保存していなくても「法令に即して適切に処理した」という答弁が連発された。

しかし、この「法令」という言葉がくせ者なのだ。「法令」を正しく定義すれば「法律」と「命令」で構成されている。法律は国会で作られるが、命令とは、政令や規則など官僚が作るものだ。つまり、「法令に即して適切に処理」とは、官僚が自ら作った命令に従ったのだから正しいという「上から目線」だ。

09年9月に民主党政権が誕生した後、10年12月の公文書管理法施行令により、具体的な「文書保存期間」が決められた。厳密には、省庁レベルの文書管理規則によって保存期間が決められている。この規則を作ったのは、国会ではなく官僚である。

今回の反省から、政府でも一応、公文書管理の方法を見直し、政府の公文書管理委員会で、新たなガイドラインを作っている。問題となった「1年未満」の文書の扱いについては初めて基準が設けられ、「典型的な業務連絡や新聞のコピー」などいくつかの例が示され、その対象は限定された。

一方で「行政運営を検証するのに必要な文書は1年以上の保存期間にする」とした。今回の財務省の交渉記録のような文書の保存期間は、今後1年未満にはならない。

これらは、相変わらず「法令」なのだが、いまどき文書は電子化されているわけで、「保存期間」を設定することのほうが奇妙である。民間の仕事環境でも、各種の電子情報は、ＨＤＤ（ハードディスクドライブ）が大容量化し安価になっているので、少なくとも5年は保存している。

そもそも公文書管理法は、紙ベースの管理を前提としており、時代遅れの感がある。しかも、各省ごとの縦割り規制である。どこの省でも今や電子ファイルで仕事しており、管理するときだけ紙ベースにしている。それでは仕事の効率化にもならないわけだ。

今は紙ベース・各省縦割りのシステムだが、電子ベース・各省横断的な管理システムを導入すべきだ。電子ベースで書き換えができないように、浅田氏が提言するブロックチェーン技術を活用すればいい。こんなことは民間ですでに行われているので、基本的な技術問題はない。制度的な導入を政治家が判断するかどうかである。

財務官僚は政治家を恐れない

財務省の文書改竄をめぐっては、官僚が安倍晋三首相を忖度したというストーリーが多く語られているが、実際に財務官僚は政治家をそこまで恐れているものなのか。

森友学園への国有地売却をめぐり、財務省が取引の決裁文書を書き換えた疑いがあると報じた朝日新聞の2018年3月2日付スクープ記事は快挙だが、マスコミ報道全体について、まだ、安倍首相の関与に話を持っていきたいような印象操作の感がある。

それなのに、いまだにほとんどのマスコミは、佐川氏が安倍首相を忖度して書き換えたというストーリーのようだ。佐川氏が官邸を忖度したから国税庁長官のポストを得たという構図を指摘する向きもあるが、まずこの段階で疑問だ。

20年前の大蔵省スキャンダル以降、17人の国税庁長官がいるが、その本省最終ポストをみると、理財局長８人、主税局長６人、その他局長３人となっている。要するに、国税庁長官ポストは、主税局長と理財局長からの上がりポストだ。

事務次官は主計局長出身が多いが、主税局長から出ることもある。そして次官になれなかった主税局長は国税庁長官になる。理財局長からは事務次官になれないが、国税庁長官にはなれるというわけだ。この意味で、佐川氏が国税庁長官に就任したのは、ごく普通の人事である。

もし佐川氏が官邸に忖度して、それが受け入れられたなら、もっと上のポストについていてもおかしくない。逆にいえば、財務省内ではこうした独自の人事システムがあり、政治家も手が出せない「独立性」が保たれているといってもいい。

その理由は、財務省は他省庁にない権限を持っているためだ。伝統的に財務省は、予算編成権と国税調査権に加え、官邸内の人的ネットワークがある。このため政治家は怖くない。むしろ財務省が政治家を政治的に抹殺することもある。

内閣人事局の設置により、官邸を忖度せざるを得なくなったというストーリーもよく聞く。他省庁ではそうかもしれないが、財務省については疑問だ。財務省は首相、官房長官、副長官の全てに秘書官を出している。この官邸ネットワークで、かなりのコントロールが可能だ。内閣人事局発足後も、天下りを含めて財務省の意向に反した人事は行われていない。

旧大蔵官僚当時の筆者も正直、政治家を恐れたことはなかった。税務署長時代にはこんなことがあった。未納者に自動的に納税を促すシステムにより、ある政治家に税務署長名で納税書が発行された。即座に税務署に電話があり、政治家本人が納税しにきた。その政治家と会ったところ、「税金を納めたい」というので驚いた。選挙間近だったので、税金滞納とのニュースを恐れたのだろう。

その後の予算編成でも、数多くの政治家から陳情を受けた。こうしたことが重なると、財務官僚は政治家を恐れなくなる。

国有財産業務はノンキャリの仕事

衆参両院の予算委員会で２０１８年3月27日、佐川宣寿前国税庁長官の証人喚問が行われた。決裁文書改竄と土地売却の２点に質問が集中したが、前者では「刑事訴追の恐れ」を理由として答弁を拒み、後者では17年の国会答弁の正当性を繰り返した。

ここまでであれば、17年の国会審議と同じであるが、決裁文書改竄では、「理財局内でやったこと」だとし、財務省の他局のみならず、官邸の首相、官房長官、補佐官、秘書官らの指示、協議などが一切なかったと証言した。これは新しい話だ。

筆者の財務省での経験でいえば、国有財産業務はもともとノンキャリアの地方部局の仕事で、本省キャリアはほとんどやらないものだ。しかも、他の部局とは独立しているので、理財局の国有財産部局だけで完結している。財務省はもともと「局あって省なし」というくらいに局が独立しているが、これはほかの役所でもよくある話だ。

しかも、偽証罪に問われるかもしれない国会の証人喚問の場での発言だ。もし野党が理財局以外も関係しているというならば、「疑惑が深まった」と叫ぶだけでなく、佐川氏を偽証罪で告発すべきだとなる。

ただ、その場合、新たな事実が必要になる。過去には防衛省事務次官経験者が証人喚問で嘘を言ったとして告発され、有罪になったこともあるが、果たして今の野党にそこまでの力があるのかどうか。

佐川氏は証言拒否を繰り返したが、逆にいえば、野党が同じ質問を繰り返したともいえる。土地売却問題では、野党は17年の国会審議を蒸し返して、佐川氏にまた反論されただけで全く進歩がなかった。

野党の質問力のなさを露見させただけであり、衆参の4時間に及ぶ政治ショーより、捜査当局の取り調べの方が事実解明に近いことを見せつけた。佐川氏については、大阪地検による事情聴取に委ねたほうがいいだろう。

それにしても、野党の攻め方は情けなかった。土地売却と決裁文書改竄では別のアプローチにすべきだった。まず、土地売却の原則である入札を行わず、森友学園と随意契約だったことを攻める。次に土地に埋められていたゴミの見積もり不備を攻める。これは会計検査院の報告でも明らかになっているので攻めやすいところだ。

もし、文書改竄について追及するなら、もっぱら財務省の（政治）責任論ばかりをやるべきだった。行政の信頼が回復できるまで消費増税ストップを強調し、財務省の抜本的な体質を改善するために財務省解体を突きつける手もあった。

いずれにしても土地売却の本質は、森友学園へ売却した土地と一筆の東の半分の土地が鍵だ。これが実質２０００万円で２０１０年に大阪府豊中市に売却されていたという話は、地上波のテレビにはほとんど出ない。東半分は、相手方の地方自治体に補助金をつけたのが民主党政権時、西半分は相手が学校法人なので安倍政権時に値引いた。その西半分を入札にしていれば値引く必要もなく、問題もなかったのだ。

口裏合わせまで求める最強官庁

財務省による文書改竄問題に加えて、２０１８年4月、同省が森友学園側に口裏合わせを求めた疑いが報じられた。文書改竄だけでもあきれるが、その上に口裏合わせまであったというのが事実なら、開いた口がふさがらない。最強官庁の矜持《きょうじ》はないのだろうか。

ＮＨＫの報道によれば、17年2月17日、国会で国有地売却についてゴミ撤去費用として8億円の値引きが問題となり、財務省は野党から「ゴミ撤去をしたのか」と追及された。その3日後の同20日、国有地を管轄する財務省理財局の職員が学園側に電話し、「トラックを何千台も使ってごみを撤去したと言ってほしい」などと、嘘の説明をするよう求めていたという。かなり具体的であり、リーク元は捜査当局以外には考えにくい。

国有地の売却では、値引きが背任になるのではないかと刑事告発されている。仮に値引き売却になったとしても、17年6月に、値引いた価格での国による買い戻しがあったので、国に損害を与えたという状態ではない。筆者は、このため立件できるかどうか、かなり微妙だと考える。しかし、今回の報道が仮に捜査当局からのリークだとすれば並々ならぬ決意だ。

本件の本質は国有地売却の原則である入札を行わなかったことだ。入札であれば値引きはなかったはずだ。

森友学園に売却した土地の東半分は、大阪府豊中市に10年に売却されている。そのときの価格は14億2000万円で、補助金が14億円なので実質2000万円だ。相手が自治体であれば、補助金などで調整できるのでトラブルになることはまずない。その場合には、入札でなく随意契約でもいいだろう。

森友学園という学校法人への売却については公共用取得なのでトラブルがないとい

う前提で随意契約でも可能だが、会計法の原則は入札だ。まして、土地にはゴミが地中に存在するなどの特殊性があったのでトラブルも予想され、ゴミの存在を明示した上で入札にすべき物件だ。

しかし、近畿財務局は入札にせずに随意契約にしてしまった。当初の価格提示も10億円などと高すぎた。おそらく隣接した豊中市への売却価格を形式的に参考にしたのだろう。その後は、実質価格を模索して値引き交渉をせざるを得なかった。

会計法の建前では、随意契約の価格算定は公正でなければならない。トラブルになった随意契約では価格交渉があるので、その手続きこそが公正性の担保になるのだが、近畿財務局では、ゴミ撤去費用などの手続きで杜撰さが目立った。これは、会計検査院報告などでも指摘されていることだ。

今回の口裏合わせが事実なら、杜撰さをさらに隠蔽《いんぺい》する行為であり、言語道断である。国会での証人喚問という政治ショーより捜査当局による徹底追及のほうがいいだろう。

ここまで財務省が腐敗しているのなら、組織解体も国民の信頼回復のためには必要だろう。さらに行政組織が信頼されるまで、19年10月の消費増税も凍結すべきだ。

マスコミへのリークに熱心な官僚

最近、捜査当局が情報源と思われるニュースが相次いでいる。官僚らがメディアに情報をリークする場合、どのような思惑があることが多いのか。そしてリークは役所内にどのような影響を与えるのか。

官僚からマスコミなどへのリークは、日常茶飯事であるが、そもそも公務員の守秘義務との関係で問題になりかねないことを指摘しておきたい。

官僚は、マスコミへのリークのほかに、悪口を言うこともあり、最後は政治家に対するサボタージュという戦法も取ってくる。渡辺喜美・元行革担当相は、「リーク、悪口、サボタージュは官僚の常套手段」と喝破していた。

なぜ、官僚がリークを行うのかといえば、そのほうが情報戦を有利に運べるからだ。これは、捜査当局としても例外ではない。マスコミへのリークを通じて、世論を味方につけるというわけだ。

一方、はっきりいえば、マスコミは、官僚からのリークなしでは、多くの記事が書けなくなるだろう。この意味で、いくら官僚からのリークが違法なものであっても、マスコミが正面から批判することはない。

事件捜査については、当局からのリークなしで書くことは難しい記事も多い。例えば、「参考人の事情聴取」と「重要参考人の取り調べ」は、マスコミでは完全に区別されている。後者は逮捕される場合に用いられるが、捜査当局からのリークなしでは書けないことだろう。

官僚の場合、自らがリークするのはまずいと考えているので、与党政治家を隠れみのにすることも多い。政治家としても情報通といわれるのはプラスとなるため、官僚から政治家に情報を与えれば、拡声器のように拡大してくれる。

筆者も役人時代、政治家へのレクをもって「公表済み」とみなしたこともあった。この場合、政治家へのレクは官僚としての責務であり、リークしていないという口実にもなるので、好都合である。

官僚から政治家への情報が、マスコミにリークされることはよくある。これらは、マスコミ各社内でメモ化・情報共有され、各社幹部が早耳情報として吹聴し、ニュースになることも珍しくない。

このように、官僚からいろいろなルートで情報がまかれ、ニュースになるという流れは、いまでは一般人にもバレつつあるのではないか。結局、マスコミは官僚からのリークに頼っているのが実情だろう。

官僚のリークは、組織的に行われることが多いが、個人的に行われる場合もある。筆者の経験では、役所で大きな政策を打ち出すときに、マスコミにリークすることはしばしばあった。官僚は各紙の論説委員に社説を書いてもらうが、誰の社説が世論誘導的に好都合か、受け持つ官僚に競わせることもあった。

マスコミ報道などで好意的に扱ってもらえれば、国会運営も比較的スムーズに行く。そうなることを期待して、マスコミなどへのリークに官僚は熱心なのだ。

大臣をおとしめる官僚のリーク

安倍首相は２０１７年８月、内閣改造を実施するが、改造の成否を左右するのはどのポストか。また、どのような人材を起用すべきだろうか。

政権支持率が落ちているときの内閣改造は、あまりうまくいかないことが多い。マスコミは目玉人事などとはやしたてるが、所詮持ち上げて後は落とすことを狙っている。

今回の場合、森友学園、加計学園問題、豊田真由子議員の暴言、稲田朋美元防衛相の失言などで失った信頼を回復できるかといえば、正直言ってかなり苦しいだろう。

さしあたって、防衛大臣の人事が重要だ。というのは、現在、部内文書のリークが激しく、とてもシビリアン・コントロールどころではない。見方によっては防衛省内は無統治状態ともいえる。

特に、テレビで「特別防衛監察の概要」や稲田氏への説明の手書きメモが出回ったので、部内管理はかなり危険な状況といえる。稲田氏が防衛大臣として場違いであったため、現場ではかなりの鬱憤がたまっていたのではないかと想像される。

筆者の役人時代の感覚からいえば、「軍隊組織」に近いところほど上から下まで統率が取れているものだ。その代表格は防衛省、警察である。その意味からいえば、森友学園問題では財務省から一切情報が出ないで、加計学園問題では文科省からのリークが出たのは、想定内の話だ（文科省の方が、より軍隊組織からは遠いという意味だ）。

もちろん、防衛省からも自己組織に有利なリークが行われることはあるが、今回のように大臣をおとしめるリークは聞いたことがない。これまで防衛省は、どのような人が大臣になったとしても、組織として必死に支えてきたはずだ。

一部には、特別防衛監察で、稲田氏に責任が及ばないことを発表前に知り、不満を持った勢力が、防衛省内で一種の「クーデター」を起こしたのではないかという意見もある。

稲田氏が辞任後、当面は岸田文雄外相が兼務するが、防衛省をまともに統治するためには、内閣改造では、過去に防衛大臣を経験している人がふさわしいだろう。

次は経済政策である。加計学園問題では、注意深く議事録をみれば特区諮問会議の手続きには問題はないが、政策決定の過程が国民に分かりやすかったとはいえない。小泉純一郎政権時代の経済財政諮問会議のように、大臣間のガチンコ議論をオープンに行い、それを国民に見せれば、ここまでのたたかれ方はなかっただろう。

文書管理も重要だ。地味ではあるが、今回の森友学園問題では、財務省が「資料はない」と言うたびに国民の怒りは高まっただろう。しっかりとした文書管理は、今の制度の下で政令で対処できる。適切な公文書管理と開示のために、担当大臣を置くのはどうだろうか。

いずれにしても、一朝一夕で失った支持率を回復するのは至難の業だ。内閣改造で、将来に向けてどれだけ人心一新が図れるかどうか。内閣改造しないよりはしたほうがいいが、安倍政権にとっては、いばらの道が続くだろう。

「技術もの」に極めて弱い官僚

国会で野党は、森友学園や加計学園問題を相変わらず追及している。2018年1月、新たにスーパーコンピューターの助成金問題が加わったぐらいだ。

このままで、野党が政権に打撃を与えることができるのかというと、まず無理だろう。

前大阪市長で弁護士の橋下徹氏が、ツイッターで面白いことをつぶやいていた。《スパコン補助金問題。なんでこんなに野党国会議員は学習能力がないのか。加計学園問題と同じく、また「政治家の不正」から入って、政治家の関与はなかったという答弁をされて終わっている。まず確認すべきは「どんなエビデンスを出させて」「どのようにチェックしていたのか」というプロセスの確認だ（18年1月30日）》

そのとおりである。筆者は「モリカケ」で、野党は安倍首相の「関与」や「意向」を問題視して失敗したと何度も指摘してきた。

森友問題については、早い段階で「近畿財務局のチョンボだった」と断定している。国有地売却の手続きに着目し、本来行うべきだった競争入札にしなかったことを問題にしたものだ。その後、会計検査院報告も出てきたため、随意契約の適正化を余儀なくされている。

筆者から見れば、競争入札でないと本質的な問題点は改善されないが、手続き面からみれば近畿財務局の上位官庁である財務省は完敗している。

加計問題は、さらにひどかった。野党は、文科事務次官だった前川喜平氏の言い分を無批判に信じ込み、安倍首相の「意向」を問題にした。結局、国会で前川氏すら安倍首相の「意向」を説明できずに、完全な空振りだった。

スパコンの助成金問題では、詐取したとされる人物を政府の審議会に呼んだ経緯を調べたほうがいい。一般に官僚は、この種の技術ものに極めて弱い。プログラミングの経験もないような人にスパコンが理解できるかというと疑問である。

もともと、研究開発は「1000に3つ」しか成功例がない世界である。まして、技術に疎い官僚が良いものを選び出せるはずもない。だからこそ、助成金の交付手続きが公正であることが必須になってくる。

国会審議を見ていたら、助成金詐取の被告は、政府の審議会でプレゼンを行ってから申請をしているとのことだった。世耕弘成経済産業相は、選定プロセスに政治家の関与はないとしていたが、このプレゼンを知っていたのかどうかが問題だろう。権威付けに審議会が利用され、それが助成金につながっていたとすれば、そのほうが問題である。

ただ、「１０００に３つ」「分からないところに助成金を交付」といっても、研究開発の公的助成は必要だ。野党は派手な手柄を上げようとするだけではなく、国民が納得できる仕組みを議論すべきだ。

政治家にとって鬼門の霞が関改革

自民党内で中央省庁の「再々編」構想が浮上している。官僚をめぐる問題が浮上するなか、どのような形が望ましいのか、考えてみたい。

霞が関改革は政治家にとっては鬼門となっている。筆者の恩師である故加藤寛先生は「本気で霞が関改革をした原敬、犬養毅は暗殺された。戦後も同じだ。福田赳夫のように行革をやろうとした内閣はすぐ潰されている」と言っていた。

橋本龍太郎内閣は、霞が関改革に一応成功したが、それでも長期政権にはならなかった。潰れたのは1997年4月からの消費増税による景気後退と、その後噴出した大蔵省のスキャンダルである。

今回は、裁量労働制に関する厚生労働省調査の不適切なデータの使用や、財務省による文書改竄など、文書管理の杜撰さが先に出てきた。国民の行政の信頼を損ねたということで、その対応策として省庁再々編が出てきているという流れだ。

自民党の行政改革推進本部（甘利明本部長）は2018年3月下旬、各府省に文書を出した。5月にも党内議論を始め、年内を目標に新たな中央省庁のあり方を首相に提言するというスケジュールである。その文書には「橋本行革における中央省庁再編から20年近くが経過した」とも書かれていた。

これは、18年9月の自民党総裁選をにらんだものだ。安倍総裁が3選となれば、省庁再々編を打ち出してくる可能性がある。

今のところ、自民党内での議論では、厚生行政と労働行政の分離論、総務省、経済産業省にまたがる情報通信行政の統合、「日本版通商代表部」の新設などが論点になっている。

財務省については、森友学園への国有地売却の経緯が問題となった国有財産業務の分離のほか、「歳入庁」構想も出てくるだろう。

20年前には旧大蔵省のスキャンダルがあり、財政部門と金融行政部門が分離された。その時には、日銀の独立性を高めるということで、日銀法の改正も行われた。同時に、霞が関の省庁組織の数を減らすことを優先し、厚生労働省など巨大官庁が作られた。

しかし、厚労省はあまりに守備範囲が広すぎた。そこで麻生太郎政権のときにも、厚生行政と労働行政の分離が検討されたが、実現できなかった。

日銀の政府からの独立性の議論もすでに世界の周回遅れだ。「目標の独立」と「手段の独立」を分離する形での世界標準の独立性確保が必要だ。でないとデフレ脱却も危うくなる。

そして、今回の省庁再々編のキーワードは、実施部門・規制機関の切り離しとすべきだ。

政治との接点を持たざるをえない企画立案部門から実施部門・規制機関を切り離して中立・公平性（政治的考慮・圧力からの遮断）を高めつつ、ブロックチェーンなど民間手法を活用すべきだ。

その中で、省庁横断的に公文書管理を担う機関（各省内での文書管理の監視を含む）の「公文書管理庁」を新設し、電子政府を一層推進すれば、今問題となっている話はほとんど解決する。

「呪われた期」といわれる82年組

公文書改竄問題が発覚し、セクハラ疑惑で事務次官が事実上更迭された財務省だが、森友学園問題について言えば、もともとは近畿財務局の事務的なチョンボであることを、繰り返し強調してきた。

大阪航空局が騒音対策の名目で取得した土地について、公共用として東半分を大阪府豊中市に実質2000万円で売却したのはよかったが、西半分は入札にすべきだった。それを怠ったために、地中ゴミなどを理由に値引きを余儀なくされ、その合理性が問われることとなった。入札しておけば、2000万円程度で落札されたはずで、値引き問題は生じなかったはずだ。

ここまでは地方組織にしばしば見られる話であり、その経緯を十分に知っていれば国会で答弁するのはそれほど難しくない。それなのに、不勉強のまま国会答弁した上、決裁文書の改竄にまで手を染めてしまっては言い逃れができない。当時の理財局長だった佐川前国税庁長官は辞任した。国会を甘く見ていたのだろう。

福田淳一前事務次官のセクハラ疑惑については、福田氏が否定発言をした後、財務省は委託先の弁護士事務所で調査を行うという対応を行った。否定発言は許されるが、もし調査するのなら、しっかりとした第三者機関（例えば内閣人事局）で行うべきだった。福田氏の在任期間はせいぜい6月までなので、行政の混乱を回避し、身の潔白のために裁判をするといって早期に辞任すべきだった。その後は裁判で明らかにするといえばいい。

ただ、セクハラ疑惑については、福田氏が辞任会見の際に、裁判で決着させる意向を示しており、現段階で予断を持つべきではない。辞任会見後、テレビ朝日の女性社員が当事者であると同社が明かした。もっと早く報道すべきだったが、週刊新潮の報道による福田氏への名誉毀損が成り立つのは、音声テープが捏造《ねつぞう》であるか、貶《おとし》めるための策略かを次官側が証明しなければいけない。いずれにせよ事実解明に今後ひと波乱あるかもしれない。

佐川氏も福田氏も1982（昭和57）年入省組の財務省キャリアである。同期のナンバーワンとツーがほぼ同時に辞任とはただ事ではない。この期はかつての「ノーパンしゃぶしゃぶ事件」の時、1人が逮捕され、1人が辞職している。その前には1人が自殺、1人が病死している。こうしたことから「呪われた期」ともいわれている。

単なる巡り合わせだろうが、財務省の絶大な権限が、善良だった彼らをねじ曲げているようにも思える。

財務省で仕事をすると、政治家に限らずほとんどの人からちやほやされる。筆者が入省時には、「多くの人がきみに頭を下げるが、きみ本人にではなくきみの地位・座席に頭を下げるのだ」と言われたものだ。

財務省の権限はあまりに大きすぎる。金融行政を分離したが、国税庁を植民地化していることで、財務省へ文句を言いにくくなっているとしたら問題だ。「李下に冠を正さず」とするために、財務省改革、特に歳入庁創設が必要だ。

人事案に表れる危機管理の非常識

財務省は2018年6月4日、文書改竄と廃棄に関し、佐川前国税庁長官らの処分を発表した。財務省のもくろみは何か。また、次の事務次官に星野次彦主税局長が就き、岡本薫明《しげあき》主計局長は留任と報じられているが、この人事の意味は何か。

文書改竄と廃棄について、大阪地検は不起訴処分とした。刑事事件化は一応、見送られるようだが、告発した市民団体は検察審査会に不服を申し立てたといい、今後の展開は予断を許さない。

財務省の処分は刑事事件としてではなく、国家公務員法上のものであるが、社会的な制裁を受けたことで、刑事的な責任を問う必要はないとのアピールでもある。だが、国家公務員として、公文書を改竄し、国会で虚偽答弁を行ったのは言い訳のできないことだと思う。

国家公務員法では、信用失墜行為の禁止として「職員は、その官職の信用を傷つけ、又は官職全体の不名誉となるような行為をしてはならない」と定められている（99条）。今回の事例は、この法律違反の典型例だと思う。

それにもかかわらず、今回の処分は軽すぎるだろう。最も重い佐川氏でも「停職３カ月」である。公文書の改竄をしても、懲戒免職にならないというのはとても厳しいとはいえない。しかも、佐川氏はすでに退職しており、実害は退職金を５００万円程度減額されただけ。文書改竄、廃棄、国会虚偽答弁しても、この程度と財務省が認定したというわけだ。

筆者は、個人の処罰とともに、組織への処罰として、財務省は解体すべきだと思う。これは、「財政」という大きな国の方針を企画する官庁が、今回問題になった国有地売却や国税のような執行部門を併せ持つのはおかしいという常識からきている。政治に関わりのある企画部門と政治と関わるべきではない執行部門は分離するのが世界の常識だ。

財務省は自ら組織解体すべきであるが、これを拒否するのが、やはりまた財務省である。組織存続の本能かもしれないが、国民にとっては迷惑である。財務省の組織解体にならないように、軽めの処分をして、組織温存を図りたいのだろう。

それが今回報じられた人事案にも表れている。戦後54人の財務次官がいるが、周知のように大半は主計局長を務めた後に事務次官に就任している。財務省の局長の中では主税局長は主計局長に次ぐ存在なので、主税局長の後、もしくは主税局長の後に国税庁長官を務めた後に事務次官となった人も9人いる。

この意味で、星野主税局長が事務次官になるのはそれほど異例なことではない。この期に及んでも、財務省の組織原理を尊重している財務省組織の空恐ろしさすら感じる。

今回の人事案をみると、伝統的に本命である主計局長を事務次官にするのではないものの、主税局長を次官にすることで前例を踏襲した。今回は財務省存続の危機なので、外部登用でもおかしくないのだが、財務省にそうした危機管理の常識はないのだろう。

第５章

小ウソも見抜けない野党

揚げ足取りに終始する論法

国会では2017年3月、17年度予算が成立した。しかし、野党は森友学園問題について追及を続けている。さらに、安倍晋三首相の友人が理事長を務める加計学園問題にも矛先を向けた。

森友学園問題の本質は何かといえば、「国有地売却の価格等で学園側が便宜を図ってもらったのかどうか、もし便宜があったとしたら政治家による働きかけがあったかどうか」である。

森友学園の籠池泰典氏は「財務省による便宜があり、誰かの政治的な関与があったのではないか」と証言している。また、昭恵首相夫人から100万円の寄付を受けたとも証言した。

これに対して、財務省は国有地売却について「法令に基づき適切である」という。安倍首相は「国有地売却に係る働きかけは本人、夫人、事務所も一切行っておらず、夫人の寄付も行っていない」とし、もし、国有地売却を働きかける関与をしていたら、議員辞職もするといっている。

野党は、安倍首相のこの発言に反応して政治的に攻勢をかけている。しかし、「国有地売却での働きかけ」という前提を無視して、広い意味で「関与」を捉えている。その一例として、夫人付き職員のファクスを「関与」の証拠として、国会で追及している。

しかし、元官僚の筆者からみれば、普通の公務員による回答に過ぎず、行政の意思決定には無関係で、問題があるようには思えない。

まず、本件のファクスについて、籠池証言では、自分の昭恵夫人への留守電への回答のように扱われていたが、実際には留守電の後、籠池氏側が夫人付きの官僚にあてた「陳情書」への回答である。

「陳情書」では、答えられないものは受け取るだけであるが、即答できるものは答える。本件では、即答できるものであったので、ゼロ回答したのだろう。この場合、関係部署に問い合わせるか、関係部署に回してそこから回答するかはケース・バイ・ケースであり、どちらでもいい。

回答の中に年度予算の内容があると問題視する向きもあるが、工事費の立て替え払いなので予算化は当然であり、問題はない。

これは、陳情に対して、行政の意思決定に介入するものではなく、今の制度に当てはめて回答できるものを機械的に回答しているにすぎない。いわゆる「役所の回答」である。この程度であれば、民主党政権の時にでも、似たような回答書が出てきても不思議ではない。

野党の論法は、安倍首相の発言の揚げ足取りに終始しているが、行政の意思決定に影響を与えたかどうかはどうでもいいのだろうか。ファクスの件でも、内容はゼロ回答で、意思決定への影響は全くうかがえない。にもかかわらず、関係者が籠池氏に連絡した程度で首相側の「関与」と言い張り、政局にしている。

ほかに国会で検討すべきことは多い。野党としては攻めどころがないのだろうが、あまりに情けない。

思い込みと「ベンチマーク」の欠如

民進党（当時）などの野党は、森友学園や加計学園の問題を政権追及の材料にしてきたが、思惑通りの成果は上がっていないようにみえる。何が間違っているのだろうか。

結論からいえば、「思い込み」と「ベンチマークの欠如」だ。思い込みというのは、森友学園では「総理の関与」で、今回の加計学園では「総理の意向」。それがあるはずだという前提で目の前の現象を追い続けるというのが、野党や多くのマスコミである。

こういうときには、別の事象の「ベンチマーク」を探すといい。これは、プロの数学者がしばしば使う方法だ。受験数学など普通の数学問題でこの方法を使うことはないが、これまで誰も解いたことのない難問の場合、似たような構造を持った別の事象で問題を置き換える。そうすると、全く別の事象であっても簡単に解けることがある。

社会問題の真相の解明でも、同時並行的に起こっている別の問題がしばしば役に立つ。森友学園問題では、小学校予定地だった旧国有地の東側の土地がこれに当たる。森友学園に先行して豊中市に売却されたが、そこで土中のゴミが発見されている。にもかかわらず、この事実を知りうる近畿財務局は、森友学園に売却する際、当初その事実を相手方に伝えていなかった。ここが問題の本質だ。

加計学園問題のベンチマークは、国家戦略特区で千葉県成田市に医学部新設が認められた国際医療福祉大のケースだ。

医学部新設も38年ぶりだが、もし加計学園に「総理の意向」が働いていたのだとすると、両者のプロセスに差があるはずだ。実際は国際医療福祉大が先行し、加計学園が後になっている。加計学園が追い越したのであれば問題かもしれないが、そうしたこともない。筆者のみるところ、両者のプロセスに顕著な差はなく、「総理の意向」は外部からは認められない。

前川喜平氏の〝告発〟について、筆者には、規制緩和の「推進派」に「反対派」が負けて吠えているようにもみえる。閣議決定にある「需要見通し」を文科省が出せない時点で内閣府の勝ちで、「総理の意向」を持ち出すまでもなくゲームオーバーだったのではないか。あまりに惨めな負けだったので、「総理の意向」を言い出した可能性すらある。

ベンチマークからおかしなことが見つかれば、何かがある。それが「総理の意向」かどうかは、カネの流れを見るのが手っ取り早い。総理の周辺へカネが流れていれば、ベンチマークがなくても政権への大打撃になるかもしれない。

安倍政権が長期政権になって、ますます野党・マスコミは焦っている。安倍政権は、マクロ政策の金融政策をうまくやって失業率を低位に保っていることが支持率が落ちない最大の要因だ。若者から支持されているのは雇用環境が良いからだろう。安倍政権を叩く野党やマスコミほど、この点が分かっていないが、こうした政策の基本中の基本を理解すべきである。

大卒就職率は学力より政権交代

２０１７年７月、報道各社の世論調査で、安倍政権の支持率が低下し、不支持率が上回る数字となった。

２カ月前までは、森友学園や加計学園の問題が起きても、内閣支持率は大きく落ちていなかった。ところが、１カ月前にテロ等準備罪での国会運営で急落し、さらに７月２日の東京都議選後に再び急落した。内閣支持率とともに自民党支持率も下がる一方、他政党の支持率も上がらず、支持なしが増えている状況だ。

２カ月前までの安倍政権の高い支持率には、小泉純一郎政権以降と比べて、いくつかの特徴があった。年代別でみると、他の政権では、一般的に高齢世代ほど支持率が高い傾向があったが、安倍政権は逆に若い世代ほど支持率が高かった。

男女別でみると、他の政権では男女で支持率の差は少ないが、安倍政権は男性の支持率が高かった。第2次、第3次安倍政権は、10年前の第1次安倍政権と比べても、世代別政権支持率と男女別政権支持率は異なっている。

その要因は、今の安倍政権が雇用の確保を高い水準で維持していることと関係している。筆者のような大学関係者にはすぐわかるが、今の若い世代は就職に敏感である。

数年前の民主党政権時代には就職がなかなかできなかった。失業率が高いと大卒者の就職率は悪くなる。ところが、政権交代して、大して学力も変わっていないのに、今は就職で困ることはない。これは安倍政権のおかげだと実感できるのだ。こうして若い世代では安倍政権支持率が高い。

他方で高齢世代では雇用拡大の恩恵を受けることは少ない。さらに、民主党政権時代から社会保障改革として、社会保障費自然増のカットが継続的に行われてきて、高齢世代にボディーブローのように効いている。これも高齢世代で内閣支持率が芳しくない理由だ。

支持率が男性で高く、女性で低いのは、安全保障や原発政策でのタカ派的なイメージによるのだろう。

最近になって支持率が急落した要因は、女性の支持率がさらに下がったことが大きいようだ。そうであるなら、強引な国会運営に加えて、豊田真由子議員の暴言、稲田朋美防衛相の失言も背景にあるのだろう。

豊田氏の暴言は本当にひどいものだった。これで高齢世代の男性の支持も大きく失ったはずだ。筆者もあの発言がテレビで流れるたびに腹が立った。

稲田防衛相の失言もひどかった。ある女性芸能関係者は、「神妙になるべき会見で稲田防衛相のつけまつげはその場にふさわしくない」と話していた。こうした点に女性は敏感である。

こうしたことはマスコミの倒閣を思わせるような報道と相まって、内閣支持率の急落の原因になったと思われる。

これらは一過性であるが、社会保障を含めた緊縮財政は長期的に影響しており、そこを見直さないと支持率の上昇は当面期待できない。いまは経済政策回帰にじっくりと取り組むべき局面だ。

政策競争なき倒閣運動

安倍首相は2017年7月、横浜市で開かれた日本青年会議所のフォーラムで、高等教育無償化の財源として「教育国債」を排除しない考えを示した。

教育国債について「将来収入を得て税収が上がり、新たな富を創る」と指摘し、「今借金しても将来世代がツケを払うことにはならないとの議論もある」とした。

建設国債を引き合いに出して「資産を次の世代に残すための借金で、会社が投資するようなものだ」と説明したとも報じられている。と同時に、自民党の小泉進次郎氏らが提唱した企業や個人の社会保険料を上げる「こども保険」に対して、「どっちがよいとは言わない」とも語ったという。

あえて、教育無償化の財源論については言及せず、憲法改正の議論につなげたいようだ。そのフォーラムでは、秋の臨時国会において、自民党案提出に向けて党内の意見集約を進める意向も示した。

自民党案には教育無償化案は含まれていないが、日本維新の会は憲法改正項目として教育無償化を主張している。安倍首相は国会の憲法審査会で各党が反対するのではなく、意見を出してほしいとしたので、自民党から提出されなくても維新から提案さればいいと思っているのだろう。

　そのときのポイントが財源論である。高等教育の無償化には数兆円の財源が必要である。もしこの財源を増税や他の経費カットで行うと、場合によっては経済を殺すことにもなりかねない。

　安倍首相は前出のフォーラムで「消費増税以上に税収を増やしていく努力が必要だ。経済成長でデフレから脱却し、雇用や収入が増えて税収も増えることが大切だ」と指摘し、消費増税よりも経済成長を通じた税収増による財政再建を目指すという立場を明確にしている。

　しかし、党内において教育無償化の支持者を広げるために、安倍首相はあえて小泉氏の「こども保険」の選択肢も否定せずに、できる限りの財源を集めるというリアリストの立場を取っている。

　この財政再建や教育国債のスタンスは、経済合理性がある。もっとも、財務省の伝統的な考え方とは相いれないものだ。

　安倍政権の支持率は急落している。マスコミなどから倒閣運動まがいの報道もなされている。

そこで、安倍政権としては原点回帰し、経済政策で議論を盛り返そうとしているのではないか。倒閣グループのよって立つ経済政策は反アベノミクスであり、財務省による緊縮路線を踏襲したものだ。その点、政策議論の対象になるし、経済政策において、安倍政権か、反安倍政権か、で国民に判断してもらいたいのだろう。

森友学園とか加計学園などのように、確たる証拠もないのに憶測や揚げ足取りだけで国会審議を行うのは時間の無駄だ。

各党は、憲法改正を軸としてしっかりした政策議論を行いながら、政策競争によって安倍政権に対抗するのが筋である。

リベラルは何を間違えたのか

民進党（当時）やリベラルとされるメディアが、森友学園問題や加計学園問題など「反安倍」に終始した結果、「安倍首相より右」ともいわれる小池百合子都知事に民進党が事実上乗っ取られて分裂し、リベラル議員は２０１７年10月に「立憲民主党」を設立した。「改憲」も加速する可能性がある。リベラル勢力やメディアは何を間違えたのか。

結論から言えば、「反安倍」という名目であれば、何でもありというのが最大の間違いだ。客観的な情報をみれば、「モリカケ問題」には、首相の関与や意向は出てこない。にもかかわらず、例えば、文部科学省の前川喜平前次官について、天下り斡旋については厳しく批判していたのに、「反安倍」の発言をしたとたん、手のひらを返し、しかもその裏をとらずに金科玉条のように利用したりした。

加計学園問題で「行政がゆがめられた」という前川証言ばかりを報道し、「文科省によってゆがめられた行政が正された」という加戸守行・前愛媛県知事の証言をほとんど報道しなかったことについて、安倍首相がＴＢＳとテレビ朝日の生放送で発言したら、両局関係者は凍り付いたという。不都合な事実を生放送で流してしまったからだろう。

今回の「希望の党」による民進党の分裂についても、本来であれば、希望に行く各議員が以前主張していた政策と真逆の政策に賛同することを、「野合」「選挙目当て」などと厳しく批判するのがマスコミの役目である。

実際、過去には、大阪維新の会が石原慎太郎氏が率いる太陽の党、江田憲司氏が率いる結いの党と合流したときには、野合がどうかを厳しく追及された。しかし、「反安倍」であれば、議員の節操がいくらなくても許されるようだ。

希望の党に参加する民進党出身者の多くは、安保2法に反対してきた。筆者は、安全保障分野では政治家の本質が表れやすいと思っている。つまり政治家の地金が出てなかなか意見が変わりにくい分野なのだ。

筆者が政党に政策提言するときには、安全保障分野をできるだけ避けて、合意や意見変更をしやすい経済分野を中心としている。もちろん求められれば、安全保障分野でも政策提言を行うが、安全保障は意見対立が起こりやすく、しかも妥協のできにくい分野なので、取り扱いに細心の注意が必要だ。

実際に、選挙戦になったら、希望から出馬する人が安全保障で意見を変えた場合、理由をぜひ聞きたいものだ。

このようなリベラル勢力やメディアは、長い目で見れば結局国民から見捨てられるだろう。

もっとも、そうした人たちの生命力はしぶとい。リベラル勢力やメディア関係者はひそかに希望の党に入り込んでいるという噂もある。もちろん、小池氏が公認権をもっているので象徴的な議員は排除されるだろうが、小池氏周辺には、左派の人が見え隠れしている。

経済政策論争できずモリカケに走る

２０１７年10月に行われた衆院選で、公示前から大きく議席を伸ばした立憲民主党だが、今後、政権交代にも耐えうる提言型の新しい野党になれるのか。それとも旧態依然とした左派政党に過ぎないのだろうか。

最近、左派系の新聞では立憲民主党と共産党を含めて「左派・リベラル」と称している。

だが、「リベラル」は、もともと「自由主義」からきている言葉であり、右の保守、左の共産主義・社会主義の中間・中道の政治スタンスを指す。経済政策でみると、雇用重視、市場重視、社会福祉に力点を置いている。人権重視で非宗教でもある。

ソ連の崩壊後、左の共産主義・社会主義は中国を残して世界中でほぼ消えかかっている。そこで、そうした勢力の逃げ場として「リベラル」が台頭してきた。これは日本も同じで、いまや世界的にも珍しい名称である「共産党」は、政権批判で何とか生き延びているが、「社会党」の名称は消えた。左派系新聞も居場所がなくなりつつあるなか、「左派・リベラル」という言葉で、なんとか「左」を残したいのだろう。

立憲民主党は「リベラル」を標榜《ひょうぼう》しており、絶滅種である左の共産主義・社会主義を目指しているわけではないだろう。ただし、問題は立憲民主党の主張する政策が、世界基準の「リベラル」に値するかどうかだ。

まず、外交・安全保障で集団的自衛権を否定するのでは絶望的だ。そもそも世界的には集団的自衛権は当たり前のことなので、左でも右でも主張する。これを否定すると、どこか別世界の人とみられてしまう。

内政では、人権擁護、身分差別反対、環境重視ではそれなりの特色を出せるだろう。しかし、経済政策において、社会福祉はまだいいとしても、雇用重視、市場重視になると心許ない。さらに憲法改正では対案が出せないのは情けない。

日本では、安倍政権が、経済政策や憲法改正で「リベラル」のお株を完全に奪っている。金融緩和政策を使って雇用を伸ばすのは、世界的にはリベラルの政策である。安倍政権は、日本の政治では初めてそれを使って目覚ましい成果を出してしまった。その勢いで、市場重視、社会福祉でも矢継ぎ早に政策を出しており、立憲民主党（や民進党）は後れをとってしまった。

アベノミクスを超える金融緩和を訴えるなどして対抗すればいいものを、「反アベノミクス」と言ってしまったので、立憲民主党は経済政策でリベラル色を出せなくなっている。

憲法改正でも、今回の第９条に第３項を加えて自衛隊を合憲化するというのは、本来のリベラル、立憲主義の立場から出るべき意見だ。実際、枝野幸男代表や民進党の前原誠司代表（当時）はそうした主張をしたこともある。それも、安倍政権に先んじられてしまった。今では、「安倍政権での憲法改正に反対」と、ここでも「反安倍」しか言えない情けなさだ。

経済政策論争ができないので、「モリカケ」に走らざるをえないのが、立憲民主党だろう。

政治的なスタンスの読み方

２０１７年10月の衆院選で、日本維新の会は議席数を減らした。今後、存在意義を示す機会はあるのだろうか。

維新の会は「改革保守」というスタンスである。政治的なスタンスを表す言葉として、右の保守、左の共産・社会主義がある。リベラルとは、この左右の中間、中道を指す言葉だ。市場経済重視、身分差別反対、非宗教的などを掲げている。米国の民主党が代表例であるが、社会福祉、人権、宗教平等などを特徴としている。

現実の世界では、ソ連崩壊が示すように共産・社会主義はほぼ絶滅している。周辺では中国と北朝鮮くらいしか、めぼしいところは残されていない。

そこで、左の共産・社会主義は、自由主義を加味してリベラルと称していることが多い。日本のマスコミでは、「左派・リベラル」と一緒に書くことがしばしばだが、実質的には左を捨てきれない者も少なくない。

こうして、「保守かリベラルか」という対立軸ができる。典型的には米国の共和党と民主党だ。ところが、日本では、自民党が保守政策からリベラル政策までをカバーしている。特に、リベラル政策の典型である雇用について、安倍首相は金融政策こそ雇用政策であることをいち早く見抜いた政治家である。そこで日銀が金融緩和を実行し、雇用での成果を出してしまった。

となると、日本ではリベラル政党の立ち位置がなくなるか、狭いものになってしまう。そこで、別の対立軸を作り出す必要があるが、そこで出てくるのが、「既得権」か「改革」かという構造だ。

従来の軸と、新たな対立軸を組み合わせて筆者が分類すると、自民は「保守・リベラル」と「既得権」に位置付けられる。立憲民主党は「不完全なリベラル」と「既得権」だ。希望の党は、「保守」と「改革」だ。

日本維新の会も、政策体系としては、「保守」と「改革」である。というより、希望が、維新の基本政策をそのまままいただいたというのが正しい。

今回の選挙では、維新は希望と支持層が重複し、競合する関係だった。そこで、東京と大阪ですみ分けをした。維新は、希望が風を起こせば漁夫の利を得るが、失速すればそのあおりを受けるという立場だった。

結果として後者となったが、「保守」と「改革」という組み合わせは、希望の党が50議席、維新の会が11議席と一定の評価を受けている。

これは、「リベラル」と「改革」という組み合わせでは政治勢力になりえないのとは対照的である。「リベラル」と「既得権」ではかろうじて立憲民主がいるぐらいだ。「保守」と「改革」の路線には一定の支持があり、維新は当面それを守りに行くのだろう。

もっとも長期的には、非既得権を相手にしながらも、安倍政権のように保守からリベラルまで、政策のウイングを広げる戦略を迫られるだろう。

民意が反映されずに喜ぶのは官僚

立憲民主党の枝野幸男代表は2017年10月、憲法9条の改正論議について、「したいと言う人がいるなら、そのこと自体は否定できない。その代わりに首相の解散権制約も俎上《そじょう》に載せてもらわないといけない」と述べたという。

憲法に解散権の制約を盛り込むというのは、結論から言えばかなり筋悪だ。たしかに、外国では解散権に制約を設けている国もなくはない。

英国は、下院において3分の2以上の賛成により、早期の総選挙を求める動議をした場合、解散できるとされている。かつては首相はいつでも下院の解散を国王に願い出ることができたが、今では議会議決が必要になっている。

一方、カナダは、首相の助言のもとで総督（英国の君主の名代）がいつでも解散することができる。ただし、日本の参議院と同様に上院は解散できない。

オーストラリアもカナダと類似の制度になっているが、上院も下院と同時に解散できる。フランスでは大統領が首相および両議院議長の意見を聞いた後、下院をいつでも解散できるが、一度解散総選挙をすると1年以内は再度の解散ができない。

ドイツでは、ナチス台頭の反省から解散は容易にできない。首相の信任投票が否決された場合のみ、連邦議会（下院）が首相の提案に基づいて、大統領によって解散される。各国とも、解散規定は歴史的な事情によって異なっているのだ。

戦後の内閣の平均在任期間をみると、日本が2年9カ月、英国が3年11カ月、フランスが4年1カ月、ドイツが3年9カ月と、日本は短い。もっとも、任期に対する割合でみると、日本が69％、英国が78％、フランスが82％、ドイツが94％で、日本が突出して短いわけでない。

筆者は、在任期間が短くても、それだけ民意が反映されるのだから結構なことだと思う。なぜ民意の反映を重視するかといえば、日本は先進国の中では官僚依存国家であるからだ。

それを示すのは、各省庁の事務方トップがどのように選ばれるかだ。欧米先進国では、各省事務次官は一部が政治任用されるのが通例だ。しかし、日本では事務次官ポストは生え抜き任用になっている。これは他の先進国ではまずありえないことだ。

民意が反映されないと、喜ぶのは官僚である。日本で首相の権限を奪ったら結果として官僚の権限は相対的に高まるだろう。解散がスケジュール化されれば、官僚は首相のコントロールがより簡単になる。２０１４年のように、消費増税を吹っ飛ばす解散もなくなるだろう。

首相の権限さえ落とせば、官僚が各省大臣を籠絡するのは簡単なので、「官僚内閣制」は揺るぎのないものになる。

マスコミの影響力も強くなる。解散時期に合わせて「モリカケ」のような騒ぎを仕掛けたら、確実に倒閣できるだろう。

安倍政権を許すまじ、ということで、憎さのあまりに首相の解散権制約を言い出したら危険だ。憎かったら総選挙で勝つしかない。選挙で勝てないから首相の権限をしばりたいというのは邪道でしかない。

野党に質問時間を与えるのは無駄

２０１７年11月、特別国会が始まったが、野党の加計学園問題への質問は相変わらずひどいものが多かった。11月15日の衆院文部科学委員会での希望の党の山井和則氏（現・国民民主党）の質問は、選挙前の民進党と全く同じスタイルだった。加計学園の理事長が、安倍首相と「お友達」ということばかりを言い、肝心な質問がない。これは半年前にも見られた光景であり、進歩がないと言わざるを得ない。

立憲民主党の逢坂誠二氏は、15年6月に閣議決定したいわゆる「石破4条件」について合致する根拠を政府に尋ねた。これに対して、長坂康正内閣府政務官は「4条件に異論がない中の議論だった」と答えた。逢坂氏はこれに満足せず、同じ質問を繰り返した。一見、政府の答弁がおかしいように思うかもしれない。産経新聞の記事にも、政府の答弁は「答えにならない釈明」とする記事があった。だが、これは間違いである。

逢坂氏は、今回の文科省による獣医学部新設の認可が、４条件に基づくはずだと誤解している。筆者は本書の第2章で「国家戦略特別区域諮問会議」と「文科省の大学設置・学校法人審議会」の役割の違いを書いたが、加計問題で最も本質的なところなのであらためて説明しておく。

特区諮問会議は、学部新設を門前払いする文科省の「告示」を改正するかどうか。

文科省学校審は、認可申請が出てきたら認可するかどうかがそれぞれの役割だ。

行政法からみれば、今回の学部新設認可と、一般の人にもなじみのある自動車運転免許はほぼ同じなので、運転免許でたとえれば、特区諮問会議は自動車学校に入れるかどうか、文科省学校審は運転免許が取れるかどうかである。

特区諮問会議では、門戸を開けたい内閣府と、門戸を閉ざす文科省との間で議論が交わされた。門戸を閉ざす根拠は文科省告示である。認可制度と相いれないので筆者は無効だと思うが、内閣府と文科省の間の議論の末、閣議決定でいわゆる石破4条件が決まった。告示を所管する文科省に対して4条件で検討せよとの内容だ。

文科省が門前払いする告示の合理性を4条件から立証できれば、告示は存続するが、そうでなければ告示改正で認可申請できることになる。結果として、文科省は説明できなかった。このため告示は改正され、認可申請できることとなった。

そこで、認可申請が行われ、文科省学校審で審査され、その結果認可されることとなった。閣議決定の4条件は、自動車学校の門戸を開くかどうかであり、運転免許には関係がないことがわかるだろう。

こうした基礎知識がほとんどの野党にはない。立憲民主党の川内博史氏のツイッターでは、17年11月15日の党のプロジェクトチームで、4条件について文科省高等教育局から「文科省として主体的な検証・検討はしていない」との答弁を引き出したと成果を誇っている。文科省が検討しなかった（できなかった）から認可申請が行われたことは半年前に分かっている。

以上のように野党は不勉強である。そうした野党に国会の貴重な質問時間を与えるのは時間の無駄といわれても仕方がないのではないだろうか。

旧民主を劣化コピーした立民

2018年1月、立憲民主党の「公務員人件費カット」と希望の党の「企業団体献金禁止」が話題になった。結論から言えば、それぞれの政策の実態は、旧民主党時代から代わり映えしない劣化コピーである。

立憲民主はツイッターで、「公務員の労働基本権を回復し、労働条件を交渉で決める仕組みを構築するとともに、職員団体などとの協議・合意を前提として、人件費削減を目指します」とした。これを見た党の支持者からは、「人件費削減はないだろう」と反応があった。

文章をきちんと読んでみると、（1）労働基本権回復（2）労働条件を労使交渉（3）人件費削減――となっている。

労働基本権とは、団結権、団体交渉権、争議権であるが、公務員については、団結権はあるものの、団体交渉権は現業公務員を除き認められておらず、争議権は全くない。（1）の労働基本権回復とは、団体交渉権と争議権の獲得を目指すものだ。

そうなれば、公務員の労働基本権の制約からくる不利益を解消するための人事院は不要となり、公務員給与の人事院勧告もなくなり、（2）の労働条件を労使交渉で決めることになる。その結果、公務員給与は上がるだろう。つまり、（3）のように人件費削減とはならないのだ。

実は、この奇妙な3点セットは、旧民主党時代からあった。公務員のために（1）と（2）を主張するが、国民一般からは給与アップは不人気なので、（1）、（2）と矛盾する（3）の人件費削減を政策として掲げていたのだ。公務員組合と一般国民の双方に「いい顔」をみせていたのだ。これが立憲民主にも引き継がれている。公務員労組向けに「純化」したにもかかわらずだ。

一方、希望の党をめぐっては、先の衆院選で企業団体献金禁止を公約していたが、受け取る方針に転じたという報道があった。これに対して玉木雄一郎代表（現・国民民主党共同代表）がツイッターで「その事実はない」とした。すると、橋下徹前大阪市長が企業団体献金の禁止法案を出すといいながら、それまでは献金受け入れはかまわないというのは、献金受け入れと同じだ、と厳しい指摘をした。これに対して玉木氏は、今の党の規約では、すでに受け取れないと応じるというやりとりがあった。

希望は設立されてからわずか3カ月の政党である。党規約があるものの、それまで企業団体献金を受けていた人もいるだろう。そうしたしがらみを簡単に断ち切れるかどうか、党規約がどこまで実効性があるのかは、もう少し様子を見ないとわからない。

しかし、企業団体献金禁止については、法案提出を主張し、法案成立までは受け入れ可能とする方針は、旧民主党でもよくとられた方針であった。

希望は、まだ確固たる党運営もできていないので、党代表の知らないところで思わぬ動きもあるかもしれない。

いずれにせよ、党内に旧民主党時代と同じ発想の人がいるのは確からしい。

若者世代の「右傾・保守化」は印象論

２０１８年2月の沖縄県名護市長選の出口調査では、投票した人のうち、10～50代では、当選した自民党、公明党などが推薦した候補の支持が多く、60代以上の人は民進党や共産党などが推薦した候補の支持が多かったという。17年10月の衆院選でも、若者の自民支持と高齢層の立憲民主党支持という構図となった。世代間で支持層が分かれる背景には何があるのか。

こうした傾向について左派系がとかく指摘するのは、若い世代が「右傾化」「保守化」しているというものだ。だが、印象論に過ぎず、それを示すデータはない。

内閣府で継続的に行われている「外交に関する世論調査」を見てみよう。「保守化」の代表的なものは、中国への態度である。この調査では「中国に親しみを感じる」割合について、年代別の経年変化を追究できる。

20歳以上の全世代でみると、中国に親しみを感じる割合は、１９７８年の調査開始以降、85年6月には75・４％だったが、それ以降は低下し、95年10月に5割を切り、直近の２０１７年10月では18・４％となっている。

世代別の数字をみると、１９９９年10月に全世代で49・６％、20代が48・９％、60

代が47・４％と世代の差はほとんどなかった。しかし、２０１７年10月では全世代で18・４％だが、20代（18、19歳を含む）が31・５％なのに対し60代が12・７％と、世代間の差が大きい。このデータから見れば、若い世代ほど「保守化」していない。

ところが、自民党支持についてみると、今回の名護市長選でもわかるように、若い世代ほど支持する割合が高くなっている。より正確にいえば、若い世代はそれほど「保守化」していないが、自民党支持が強いということになる。

なぜ、「保守化」していない若い世代が自民党支持で、「保守化」している老齢世代で自民党支持が少ないのか。

筆者が思うに、若い世代は雇用を重視し、情報はテレビ以外から入手するが、老齢世代は雇用の心配がなく、時間があって情報をテレビに頼っているからだと思う。

筆者は大学教員をしているので切実な問題だが、大学生にとっての最大の関心事は就職である。初めての就職がうまくいくかどうか、その後の人生を決めるともいえる。

民主党政権当時、残念ながら就職率は低く、就職できない学生は多かった。ところが、安倍政権になってから就職率は高まり、今では就職に苦労していない。正直言って学生のレベルが変わったわけではなく、政策によってこれほどの差があるとは驚きだ。

しかも、今の学生は情報はネットから得ることが多いので、左翼色が強く安倍政権批判が多いテレビをあまり見ない。

対照的に、高齢世代は就職の心配はないのでどうしても雇用への関心は低くなる。そして、情報をテレビに依存する人は安倍政権批判に染まりやすい。

雇用増の実感とテレビ依存の有無がカギを握る。今回の名護市長選でも同じ現象が生じたと思わざるを得ない。

政策はどうでもよく目先の選挙だけ

2018年3月、希望の党が民進党との合流に向け、分党について協議すると報じられた。民進党も新党結成構想について全会一致で了解を得たという。衆院で野党第1党の立憲民主党を含め、展望はあるのだろうか。

希望と民進の協議に関する報道を見たとき、筆者はエープリルフールの冗談かと思ったくらいだが、関係者は「新しい民主党」に真剣なようだ。その時点で、一般人と感覚がずれていると思う。

17年10月の総選挙で、小池百合子都知事が立ち上げた当初の希望の党は台風の目となり、その人気目当てに民進は分裂した。

いち早く駆け込んだ人は希望、入りたかったが小池氏が「排除」したので入れなかった人が立民、そのままの人が民進――と大ざっぱに分けられる。このときの分裂は、結局選挙目当てが最大の動機だったのは間違いない。

ところが、小池氏が、「排除」発言で大きくこけて、希望は伸びなかった。総選挙後に希望は、創設者だが既に人気がなくなった小池氏を「排除」した。「排除」の過程で、希望と立民をかろうじて分けていた、リアルな安全保障や憲法改正について、どちらも変わらなくなっていった。

変節は有権者に見透かされており、次期総選挙では希望の消滅は確実との見方もある。そのような情勢で、希望と民進の合流話が出てきているのだが、やはりこれも「選挙互助会」を作りたいということだ。半年の間に、こうした分裂や再編を繰り返せば、有権者の信頼を失うだけだろう。

それでも、希望と民進は合流するだろう。というのは、両者は今のままではじり貧だからだ。衆議院の勢力をみると、希望51、民進12（党籍を持っている無所属）、立民55である。ここで、希望と民進が合流すれば、立民を抜いて衆院で野党第1党になる。

そうなると、立民はどうするのか。財務省による文書改竄問題などでは野党6党で一致団結している。野党6党とは、立民、希望、民進、共産、自由、社民の各党だが、共産を除く5党は、一般の有権者から見れば、もはや政策の違いがわかりにくい。

希望と民進の合流がうまくいけば、その次には立民が合流してもおかしくない。民進分裂の原因であった小池氏がもういないので、元の鞘《さや》に収まっても不思議ではない。

とはいえ、立民は合流話に乗らないだろう。というのは、小池氏の「排除」発言によって、結果として勢いを増したので、「排除」した側の希望には乗れないからだ。17年の総選挙の際、希望と立民について「偽装分裂」との見方もあり、やはりそうだったのかといわれないためという理由もあるだろう。

となると、似たもの同士の希望と立民が合流しないという、政治的には奇妙な状態となる。

政策はどうでもよく目先の選挙だけで右往左往する野党に、有権者はとても政権を委ねられない。これは日本の民主主義にとって不幸なことだ。

下っ端官僚のつるし上げはパワハラ

民進党と希望の党が合流した新党「国民民主党」が2018年5月に誕生したが、離党者も数多く出て、衆院で野党第1党になれなかった。今後、立憲民主党との違いを打ち出すことができるのだろうか。

日本維新の会を除く野党6党は、大型連休の間、本職であるべき国会審議を拒否し、連休明けを含めなんと18連休だった。その間、辞任要求をしていた麻生太郎財務相が国会に出ているのに、目の前のクビを取るための質問を国会でしなかった。

一方で、国会外で「野党合同ヒアリング」と称して、国会答弁もできない下っ端官僚をつるし上げていた。これは、ある意味でパワハラだ。答弁能力のない下っ端官僚が同じ答弁を繰り返すたびに、一部野党の議員に怒鳴り上げられ、さすがに気の毒だった。

これには6野党支持者からも批判が出て、5月8日から国会審議を再開せざるを得なくなった。

そして「連休」明けの5月7日、野党の18連休の最後の日に、国民民主党の結党大会が開かれた。

民進党は53人、希望の党は54人だったので、本来なら合流した国民民主党は107人になって衆参両院ともに野党第1党になるはずだった。しかし、実際に参加したのは衆院議員39人、参院議員23人の計62人。約4割が新党に参加しなかったことからも、その期待度がうかがえる。新党は今の状態より良くなるために参加するのが通例だが、機を見るに敏な国会議員も見限っているのだ。

希望の党からの参加者は、現実的な安全保障や憲法改正への賛成など、旧民主党時代の曖昧な安全保障・憲法改正論議から大きく舵《かじ》を切っていた人も少なくなかった。国民民主党ではそうした大きな国の方向性は議論しないらしいので、再び旧民主党時代に戻ったかのようだ。

国民民主党は旧民主党の中ではやや右の中道路線だが、立憲民主党は旧民主党の左派である。国民民主党は、旧民主党のように大きな問題の議論を避けるが、立憲民主党は左派路線そのものを隠そうとしない。

この意味で、コアな左派は立憲民主党のほうに魅力を感じるだろう。国民民主党は、リアルな安全保障や憲法改正の主張をすると、自民党との差別ができなくなってしまうジレンマがある。

この点から、立憲民主党のほうから合流を申し入れることはなさそうなので、国民民主党が立憲民主党と合流して、旧民主党が復活するようなことは当面ないだろう。両党は広い意味での左派政党を目指しているが、旧民主党が分裂してできた経緯から、合流することはなく、両党が合わせて過半数を取ったときには連立政権を組むのだろう。保守系の自民党と公明党のように、政党は違うが連立パートナーになるという腹づもりのようだ。

しかし、問題は両党ともに、雇用を増やすマクロ経済政策や金融政策について勉強不足であることだ。とても左派政党を名乗る資格はない。

18 連休して「高プロ」の危険を煽る

働き方改革関連法案に高年収の専門職を労働時間規制から外す「高度プロフェッ

ショナル制度（高プロ）」が盛り込まれたことについて、一部野党やメディア、労働団体などから「残業代ゼロ」「過労死法案」などと反対の声が出た。制度導入後、年収要件が引き下げられるのではないかとの懸念もあるようだが、一般のサラリーマンにどのような影響があるのだろうか。

マスコミ報道は全てを報じないので、原典である法律案にあたってみよう。法案名は「働き方改革を推進するための関係法律の整備に関する法律案」といい、2018年4月6日に国会に提出された。

それを見ると、高プロを導入するには、▽企業の労使委員会の5分の4以上の多数の決議が必要▽対象労働者の同意が必要▽対象業務は高度専門知識▽対象者は給与が平均給与額の3倍の額を相当程度上回る水準（年収要件）▽使用者の義務は健康管理措置など。同意しないといっても、使用者は当該労働者に不利益な扱いはしないとも書かれている。

法案そのものを読むと、一部野党やマスコミのいうことと異なり、かなり抑制的な書き方である。「給与が平均の3倍基準」ということは、具体的には1075万円程度となるが、法定なので、法改正なしではこの基準は変更不可である。

対象労働者は４％程度しかいないが、一部野党やマスコミではあたかも全ての労働者に適用されるかのような伝え方ばかりで、労働基準法の対象外になると怖いことだらけだと煽っている。

欧米でも労働規制の適用除外がある。適用除外対象者の労働者に対する割合は米国で２割、フランスで１割、ドイツで２％程度といわれている。こうしてみると、高プロの導入は世界から見れば当たり前で、むしろ遅すぎたくらいだ。

しかも日本では、労働者の同意が高プロ適用に必要であることをマスコミはあまり報じない。さらに、日本維新の会と新たに結成された希望の党は、一度同意してもその後に解除し不同意にできる仕組みを導入するという修正案を示し、政府・与党もそれに応じた。

ここまでくると、高プロは「出入り自由」の選択権が労働者に与えられることになる。しかも労働者が選択権を行使しても使用者からの不利益となる扱いを受けない。ということは、労働者にとって不都合なことはなくなるといってもいいだろう。過労死につながるような制度ではないといえる。

仮に将来の経済状況などによって、平均年収の３倍という年収要件が変更されることになっても、労働者に「出入り自由」の選択権が与えられている以上、労働者に不利にならないと考えてもいいだろう。

それなのに、一部野党やマスコミは、高プロを労働者に不利な、過労死につながる制度だと決め打ちし、維新などのような修正案を示さず反対ばかりを唱えている。国会を18連休したにもかかわらず、建設的な対案・修正案を示せないとは情けない。

第６章　財務省のマスコミ支配

「年金不安」の連呼で得する人たち

年金制度について、「ちゃんともらえないのではないか」「破綻するのではないか」などと思ってしまっている人も少なくない。

それは、年金への不安をあおるメディアや政治家が多いからだろう。これだけ「危ない、危ない」と連呼されれば、心配になるのも無理はない。

年金について国会審議がなされると、野党はすぐに「年金カット法案」などとレッテル貼りをして猛反対し、メディアも盛んに「年金が危ない」「破綻する」などと騒ぎ立てる。

では、年金は本当に危ないのか。筆者の答えは「きちんと制度運用していれば大丈夫」である。もちろんメチャクチャな制度改悪や経済政策運営をすれば別だが、現状の制度をきちんと運用すれば「破綻する」などと大げさに悲観する必要はない。

にもかかわらず、なぜ日本では「年金が危ない」という議論ばかりが百出するのか。それは、「年金が危ない」ということを強調することで得になる人がいるからだ。

財務省や厚生労働省は、もちろん表立ってそうは言っていない。だが、「年金が危ない」という主張が世間でまかり通っていたほうが得な面がある。

財務省は消費税の増税を目指しているが、実現するためには社会保障への不安が高まっているのに越したことはない。

一方、厚労省にとって年金は、「利権」や「天下り」の源泉になっているといえる。もし、必要以上に「安心」を唱えてしまったら、そのうまみを削られかねない。

実は、金融機関も「年金が危ない」という常識が世の中で通用していたほうが仕事がしやすくなる。たしかに、公的な年金はあくまで「基礎的」な部分であって、老後への備えはそれぞれに進めておく必要があるが、「公的年金が危ない」と多くの人が思ってくれていたら、投資や年金保険といったさまざまな金融商品を売りやすくなる。そうなると、金融機関系のエコノミストたちもまた、その利害から完全に自由になることは難しい。

こういう状況なので、きちんとした知識を持っていないと、メディアの情報などに惑わされて、不安ばかり強くなってしまう。年金について正しい知識を身につけなければ、結果として大きな損すらしかねない。

年金制度が入り組んで複雑化していることは事実だが、本来は、きわめてシンプルな仕組みである。筆者は年金制度の理解のために必要なポイントは次の3つであると思う。第1に年金は「保険」であること。第2に「40年間払った保険料」と「20年間で受け取る年金」の額がほぼ同じであること。第3に「ねんきん定期便」は国からのレシートということだ。

詳しくは筆者の『「年金問題」は嘘ばかり』（PHP新書）をご一読いただきたいが、この3つを理解することで、年金問題で信じられていることと実態が異なることや、年金のあり方についてどう考えればよいかまで、驚くほど簡単にわかる。

ノーベル賞経済学者の意見もスルー

「赤字国債の増大は問題だ」「国の借金を早く返して後の世代にツケを残さないようにすべきだ」といった論調は、道徳的には多くの人に受け入れられやすい。ただし、国が財政政策や経済政策を行ううえで、こうした道徳的な常識は、正しい経済理論とは異なることもあり、弊害が生じる場合もある。

学生にマクロ経済学を教えるとき、一見、不道徳にみえる経済政策を理解させなければいけないこともある。経済学でいう「合成の誤謬《ごびゅう》」で、ミクロ経済の個人行動としては道徳的なことでも、みんなでやるとマクロ経済で困ったことになるという話だ。

その典型例が、倹約や借金をなくそうとすることだ。個人にとって倹約はいいことでも、みんなでやると消費が落ち込み、不況になって、結果的にみんなの所得が少なくなり、失業が発生してしまう。また、政府の借金である国債をなくそうとすると、超緊縮財政になって、国民経済は大きなダメージを受けるだろう。

「借金をしないほうがいい」という道徳心は、実はビジネスの常識に反しているともいえる。ビジネスは基本的には自己資金ではまかなえないので、他人から資金を調達して事業を興す。借金を持たないという段階で、ビジネスを否定していることになってしまう。

経済新聞などでは、経営困難に陥った会社を徹底的に叩くことが多い。経営上の判断ミスであればその通りであるが、借金を増やしたこと自体を道徳的に批判するのは筋違いだ。

借金を経済的にきちんと理解するためには、バランスシート（＝B／S、貸借対照表）が必須である。借金がいくらあっても、それに見合う資産があれば経済的には問題はない。

ところが、財務省は借金を道徳問題として扱おうとするために、政府債務をB／Sで説明せずに、B／Sの右側のグロス債務額だけで説明する。財務省の言いなりのマスコミも、政府債務をB／Sで捉える記事を書くことはほぼない。

筆者は、20年以上前に政府のB／Sを作成した当事者であり、その公表を十数年前に行った。当初の問題意識は、政府債務の問題を、道徳に依存するのではなく、日銀を含めた統合政府のB／Sによって経済的に国民が理解できるような情報公開を行うというものだった。

２０１７年3月14日、政府の経済財政諮問会議で、ノーベル賞経済学者のジョセフ・スティグリッツ氏が意見表明した。その資料の中で「政府（日本銀行）が保有する政府債務を無効にする」という表現があった。この和訳は内閣府が行ったが、原文では「Cancelling」とあるので、「無効」ではなく「相殺」である。この意味は、政府債務を中央銀行を含めた統合政府のネット（資産を差し引いたもの）で見ろということだ。

せっかくのスティグリッツ氏の意見なのに、財務省もマスコミも積極的に伝えていないようだ。財務省やマスコミは政府債務問題を道徳で見るということでもいいのかもしれない。しかし、経済的に見なければならない国民の立場にとっては大問題である。

アベノミクスの「分析」は妥当か

２０１７年4月、アベノミクスによる景気回復が52カ月と戦後3番目の長さになったと報じられた。一方で景気回復の実感が乏しい理由として、「潜在成長率の低下」が挙げられているが、こうした分析は妥当だろうか。

景気の動向については、内閣府が作成する景気動向指数の一致系列指数が改善しているのか悪化しているのかにより、回復期か後退期かを判定することができる。

景気動向指数の一致系列は、生産指数（鉱工業）、鉱工業用生産財出荷指数、耐久消費財出荷指数、所定外労働時間指数（調査産業計）、投資財出荷指数（輸送機械を除く）、商業販売額（小売業、前年同月比）、商業販売額（卸売業、前年同月比）、営業利益（全産業）、有効求人倍率（新規学卒者を除く）である。

これをみてもわかるように、幅広い経済部門から経済指標が選ばれているが、特に一致系列では、生産面に重点が置かれている。

筆者が経済状況を見るとき、「1に雇用、2に所得」である。つまり、雇用が確保されていれば、経済政策は及第点といえ、その上で所得が高ければさらに上出来で、満点に近くなる。

それ以外の、たとえば輸出や個別の産業がどうかという話や、所得の不平等のように各人の価値判断が入る分野は、評価の対象外にしている。

このように経済をシンプルに考えているので、必須な経済指標としては、失業率（または有効求人倍率、就業者数）と国内総生産（GDP）統計で、だいたいの用は足りる。

筆者の立場から見ると、景気動向指数の一致系列は、生産面の指標が重複し、雇用統計が足りないと思えてしまう。逆にいえば、このような雇用を重視しない指標を見ていれば、雇用政策たる金融政策への言及が少なくなってしまうのは仕方ないだろう。

雇用を経済政策のミニマムラインとする筆者から見れば、アベノミクス景気は実感できる。筆者の勤務する大学はいわゆる一流校というわけではなく、ときどきの「景気」によって就職率が大きく変化する。

4、5年前には就職率が芳しくなく、学生を就職させるのに四苦八苦だった。ところが、今や卒業者の就職で苦労することはかなり少なくなった。この間、必ずしも学生の質が向上したとはいえないにもかかわらずだ。これは、アベノミクスの金融緩和によって失業率が低下したことの恩恵である。

「潜在成長率の低下」という説明も怪しい。いくら金融緩和しても失業率がこれ以上下げられない「構造失業率」について、日銀は「3%台半ば」と言っていたが、筆者が試算したところ、2%台半ばと、通説より低かった。

この構造失業率は、潜在成長率と表裏一体の関係にあり、構造失業率が低いなら、潜在成長率は高くなる。つまり、報道は、構造失業率は高いままという誤ったことを主張しているに等しい。こうした報道を読むときは、よく注意したほうがいい。

いまさら意見を変えられない

「人手不足なのに賃上げが進まないのは謎だ」と主張したり、財政危機を強調したりする人は相変わらず多い。こうした人たちはなぜ間違えるのか。

人手不足でも賃金が上がらないことをテーマにした書籍も出ている。労働経済学や経営学、社会学、マクロ経済、国際経済の専門家や、厚生労働省、総務省統計局、日銀のエコノミストなど20人以上が書いているというので読んでみたが驚いた。

誰一人として、構造失業率（いくら金融緩和してもそれ以上下げられず、インフレ率だけが高くなる失業率の水準）を論じていないのだ。そして、無意識なのだろうが、既に完全雇用が達成されているという前提で論が進められている。

ちまたのエコノミストでも「賃上げが進まない理由は経済学で解明できない」という人もいるが、単に構造失業率を間違っただけだ。構造失業率を「4％台だ」と公言した人もいる。

前節で述べたように、筆者が試算した構造失業率は2％台半ばである。構造失業率を自分で計算できない人に限って、日銀が「3％台半ば」と言っていたのをうのみにする。そうした意味で、かつての日銀は罪作りである。

さすがに、最近の日銀はこの誤りに気がついてきたので、徐々にトーンダウンしている。そのうち「2％台半ば」と修正するだろう。

次に「財政危機」である。これを強調する人は単に財務省シンパであるか、財務省の言うことをうのみにする人たちだ。財務省は、バランスシート（貸借対照表）の右側の「負債」だけを強調するが、財政を分析するには、日銀を含めた統合政府で、左側の「資産」も見る必要がある。そうすれば、日本に財政問題はほとんどないことが分かる。これは、ノーベル賞学者のシムズ教授やスティグリッツ教授も述べていることだ。

財務省の意見を妄信してきた人の中には、「シムズ氏やスティグリッツ氏が間違っている」と豪語する人もいる。もしそうなら、ノーベル賞学者を論破して世界的な脚光を浴びるだろう。

これまで財務省の言いなりになってきた人はいまさら意見を変えられないのだろう。もし変えたら自分の否定になってしまうからだ。

このように、日銀と財務省がこれまで行ってきたキャンペーンの負の弊害が出ているのだが、まだ日銀のほうがましだといえる。「リフレ派」が審議委員に登用されるなど、誤った意見を変えようとしている。

一方、財務省にはそうした気配が全く感じられない。財政再建に関する誤解のほうが広く流布しており、その是正は容易ではない。マスコミは特にひどく、財政危機が前提として話が進められる。

安倍政権はそれを信じていないことがただ一つの救いだが、残念なことに「ポスト安倍」は財政危機を妄信している人ばかりだ。

財政問題は懸念不要という事実

大ヒットした映画「シン・ゴジラ」に、東京がゴジラの攻撃を受けたことで日本円と国債が暴落したというエピソードが出てくる。だが、現実の世界では、朝鮮半島の有事が懸念されるなかで為替は円高に進んでいる。なぜ「有事の円高」という現象が起きているのだろうか。

２０１１年3月の東日本大震災の際にも円高が進み、国債はあまり動かなかった。これについては伝統的な理論での説明が可能だ。東日本大震災のような国内危機では大規模復興予算が組まれる。そこで金融政策を緩和しないと、国内金利高の連想が働き、日本の実質金利が高くなるので円高になりやすい。これは、いわゆる「マンデル・フレミング」効果であり、阪神淡路大震災の時にも確認されている。

08年9月のリーマン・ショックや10年の欧州債務危機の時にも円高となった。これは、各国が金融緩和を猛烈に行ったのに対し、当時の白川方明《まさあき》総裁率いる日銀が無為無策だったためだ。貨幣量比率で為替レートが大体決まるという、国際金融の「マネタリーアプローチ」で説明できる。つまり、各国ともに貨幣量を増加させたのに、日本だけが増加させずに、円は各国通貨と比較して相対的に希少性が高まり、その結果円高になったわけだ。いうなれば、金融政策の失敗である。

今回の朝鮮半島の緊張で、円高が進んだメカニズムはどのようなものだろうか。

日本経済新聞などのメディアは、デフレが続いていることや、超低金利などで説明している。デフレはモノに対してカネ（日本円）が相対的に少ない時の現象なので、金融緩和をサボったために生じると、リーマン・ショックと欧州債務危機の時期には説明できるが、今回の理由としてはちょっと説得力がない。超低金利は、キャリー取引の増加というテクニカルなものであり、それが全体の為替に影響するというのはちょっと首をかしげる。他にも為替が高くなっている国もあるが、そこでは通用しないロジックである。

筆者が考えるのは、日本政府は財政問題をほとんど気にする必要がないという事実だ。そうであれば、16年６月の英国民投票と同様、朝鮮半島の緊張でも、安全資産として日本円に投資することができるだろう。

マスコミがあおるように日本政府が財政破綻するような状況であれば、円に投資する人はいないはずだ。しかし、日本の財政問題は、統合政府のバランスシート（貸借対照表）でみれば、たいした問題ではない。

ただし、こうした構図は、朝鮮半島が仮に有事になっても、1950年代の朝鮮戦争のように日本が漁夫の利を得るというのが前提だ。

気をつけておくべきなのは、今の北朝鮮のミサイル能力からみても、日本が対岸の火事のように安全だとは言いがたいことだ。その場合、「有事の円買い」もあっさり崩れてしまう恐れがある。

審議会名簿に並ぶ「財務省のポチ」

2017年4月、財政制度等審議会の会長に経団連の榊原定征《さだゆき》会長が就任した。財政審はどのような位置づけの組織なのか、そのトップに経団連会長が就く意味は何か。

財政審は、財務大臣の諮問に応じて、（1）国の予算・決算及び会計制度（2）財政投融資制度・財政投融資計画及び財政融資資金（3）国有財産の管理及び処分に関する基本方針その他国有財産などの重要事項――等を調査審議するとされている（財務省設置法第7条）。

財務省の政策のうち主計局、理財局のものをほぼ網羅しており、同省の中で最も権威のある審議会だ。

委員名簿を見ると29人いるが、これに載ることは自他共に認めるいわゆる「財務省のポチ」だとの見方もできる。

学者・エコノミストの場合、「御用学者」といわれることもある。メリットとしては財務官僚からのレクチャーを直接受けられるし、資料もふんだんにもらえる。審議会の海外調査にもアゴアシ付きで同行できるし、官僚が書き、自分の著作にも転用可能な調査報告書ももらえる。調査先として学者ではアポが取れないような要人にも財務省の計らいで会える。財務官僚がゴーストライターとなって、自分の著作を代筆させることまでできる。

まさに至れり尽くせりだが、メリットが及ぶのは学者だけではない。マスコミから財政審の委員になった人も同様だ。その代わりに財務省の提灯《ちょうちん》持ちの役割が期待されている。

学者やマスコミ以外の委員としては、業界代表がいる。このカテゴリーの人たちは、各業界から財務省に意見を伝えることが期待されており、御用学者とはいえない。

経団連会長が財政審会長に就くのは01年1月から2年間務めた今井敬氏以来で16年ぶりだ。当時、財務省（旧大蔵省）は、1990年代後半に起こった官僚スキャンダルで世間から猛烈な批判を浴びており、相当な危機感があった。

今の財務省にも別の意味で危機感がある。安倍晋三政権が長期化して、消費増税の機運が遠のいているからだ。

アベノミクスの経済回復によって財政状況は好転し、今では財政問題は事実上なくなっている。

そこで、経団連会長という大物を財政審会長にしたと筆者はみている。経団連は、消費増税では財務省が一番頼りにしている組織である。経団連は自民党に政治献金をしているので、安倍首相への圧力にもなる。

財務省と経団連をめぐっては、法人税を減税する代わりに消費増税を行うことでひそかに合意しているとの観測もある。財務省の経済界に対する説明は、社会保障の財源不足により消費増税しないと保険料が値上げとなるが、その場合には労使折半なので企業負担は高くなる——といったものだろう。

　これに対して、企業負担を避けるために消費増税をのむ代わりに法人税を減税してもらうというのが経済界の考えだと思われる。そして、法人税を減税したので、後は消費増税をやってもらうというのが、財務省から経団連へのメッセージである。

財務官僚の考えに染まる記者たち

「財政再建待ったなしだ」「少子化の日本はもう経済成長は難しい」「日銀の出口戦略が急務だ」——。本書をここまで読んできた読者なら、あれっと思うだろう。こうした記事が、経済紙など大手メディアに平気で出てくるのはなぜか。

　大手経済紙は、毎日大量の記事を生産しなければいけない。すべてのニュースソースを自社の記者だけで発掘できればいいのだろうが、そうもいかない。

　となると、常にニュースソースを提供してくれるところがあれば便利だ。日本の場合、その役割を担っているのが、役所なのだ。そして役所からみても、大新聞は、みずからの政策を広く世間に知らせるために便利な道具だといえる。

そうした両者の思惑が一致して、日本独特の「記者クラブ制」ができている。このため、役所内の一室がマスコミにあてがわれ、記者が常駐し、記者はアポイントメントなしで役人と接触し取材できる。

クラブ記者は原則として役所内の職員と同じようにどこでも出入り自由である。役所内の職員食堂も職員と同じように利用できる。記者は文字通り、役人と同じ釜の飯を食う仲になって、役人と話をしながら、新聞ネタをもらう。

経済関連で特に重要なのは財務省と日銀である。記者クラブは、財務省が財政研究会、日銀が日銀クラブとよばれており、大手新聞の経済記者にとっては幹部への登竜門となっている。ということは、大手新聞社の幹部には、財務省や日銀の考え方に染まった人が少なくない。大手新聞にとって、財務省と日銀は新聞ネタを提供してくれるところでもあり、記事の「ウラ」を取れるところでもあり、さらには経済を教えてくれる「先生」でもあるのだ。

そうした環境では、財務省や日銀の伝統的な考え方が、大手新聞でも支配的になっても決して不思議ではない。

財務省は事実上、増税を「省是」としている。このため、「財政再建待ったなしだ」というのは、マスコミにとって疑う余地のない言葉になる。いくら、日銀を含めた「統合政府」のバランスシート（貸借対照表）を見せて、「財政再建は事実上終わっている」と言っても信じない。

「少子化の日本は経済成長できない」というのも、成長による増収を見込めないことは財務省に好都合なので、好まれる。だが実は、先進国並みの経済成長だと財政問題は解消する。「ＩＣＴ（情報通信技術）投資で、成長率の１％くらいのかさ上げは可能なので、人口減少を心配する必要はない」と言っても、人口減少を過度に強調するのは困ったものだ。

一方、日銀はアベノミクス以降大きく変わったが、マスコミは古い体質を引きずっている。金融緩和は良くないというかつての日銀遺伝子がまだマスコミにはびこっていて、「日銀は早く出口戦略を」という記事が出てくる。

拙著『「日経新聞」には絶対に載らない日本の大正解』（ビジネス社）にも詳しく書いているが、この観点では「金融政策が雇用政策である」ことは全く忘れ去られ、金融緩和で失業率が下がったことも無視される。

消費増税になびく大半のマスコミ

自民党の岸田文雄政調会長は2017年9月、報道各社のインタビューで、19年10月の消費税率10%への予定通りの実施を主張したという。

ポスト安倍に名前が挙がる人は増税派ばかりだが、岸田氏の発言の意味を考えてみよう。

まず一つは、「その考え方を貫く」という見方だ。これは消費増税路線をしっかりやり抜くということなので、岸田氏が後継首相になれば、消費増税は決定的だ。もう一つは「今の段階で法律で定められている通りに話し、無難に対応した」という見方だ。この場合、18年末ごろの実際の決定時期になるまで消費増税するかどうかはわからない。

現時点で岸田氏の発言の真意は不明だ。ただし、岸田氏が、増税に理解があった宮沢喜一元首相の一族であり、姻戚関係に増税志向の財務省官僚が多いので、消費増税路線の公算が大きいとしておこう。このため、可能性は低いものの後者のようにもし岸田氏が消費増税の方針を撤回したら、大きなサプライズになるだろう。

いうまでもなく、大半のマスコミ論調は消費増税に偏っている。これは、新聞を軽減税率の対象にするというエサを与えられたので、マスコミ勢力が消費増税になびいている面もあるのだろう。

世論も多くは消費増税を仕方ないと思っている。そのため、マスコミも反消費増税を主張したところで、多くの購買者を獲得できないと思っているフシもある。

増税派は世論に対しても手を打っているようだ。「消費増税しないと社会保障が回らない」というロジックだ。これは、社会保障を保険原理で運営するという世界の流れと逆行している。

消費税を社会保障目的税とする先進国はないが、それは、保険料を払えない人の分を所得税の累進部分で補填《ほてん》するという保険原理があるからだ。保険原理に徹するには、税と保険料を一緒に徴収する歳入庁の設置が不可欠であるが、財務省は頑として受け付けない。結局、保険原理を無視しているという暴挙について一般国民が知らなさすぎる。

これは、学者や専門家の責任でもある。消費税を社会保障目的税とする先進国はないという単純な事実すら主張する人がいないのは驚きだ。消費税は社会保障ではなく、本来は地方の税であるという基本原理を、日本維新の会を除く政党がほとんど理解していないのが実情だ。

こう書いていくと、増税の延期や凍結の障害となりそうな人は数多い。逆にいうと、増税の延期や凍結を主張する政治家は極めて少ない。というか、ポスト安倍政権が消費増税を実施する確率は、今の安倍政権よりかなり高まるだろう。

安倍首相は口では「予定通り消費増税を実施する」と言っているが、過去に2回も増税をはねつけた過去がある。ポスト安倍はそうしたリスクを取らない確率が高いのが現実だ。

マクロ経済が解らずに書く経済記事

2017年10月、日銀短観のＤＩ（大企業・製造業の景況感を示す業況判断指数）が10年ぶりの高水準となったが、これに関するメディアの報道では理解に苦しむものも目についた。

「人手不足が深刻になっている」と指摘しながら、同時に「賃金が上がっていない」ことを問題視した記事や、「賃上げの勢いは鈍い」と書いておきながら「人手不足で人件費が上がり、企業収益が圧迫される」との論評もあった。さらには日銀の金融緩和について「出口政策を急げ」と提言する記事もあった。

経済現象には順番がある。何かの不足があると、その価格の上昇が遅れて起こる。これが市場メカニズムといわれるものだ。不足なので価格が高くなるというシグナルが出るわけで、価格が高くなることで、不足している希少資源を有効に活用するようになる。

これは、労働市場でも同じである。そもそも雇用というのは生産の「派生需要」である。生産が拡大してくると、それに伴って雇用への需要が高まる。現状で生じている人手不足は、その背後に生産拡大、つまり経済活動の拡大があるわけだ。

いずれにしても、労働市場で人手不足になると、その後に賃金が上がり出す。しかし、労働市場の特性から、正規社員の賃金は通常、年１回しか改訂されない。非正規であればもう少し賃金の改定は柔軟であるが、モノのように伸縮自在というわけでない。

また、１度上げた賃金はなかなか下げられない。これを「下方硬直性」というが、賃金が人の生活を支えているのでやむを得ない。このような下方硬直性があるので、企業は賃金を上げることにも躊躇《ちゅうちょ》し、なかなか柔軟に対応できなくなる。これが人手不足になっても、すぐには賃金は上昇しない理由だ。業種によっても違うが、半年や1年くらい遅れることはザラである。

雇用が派生需要であり、賃金の上昇は人手不足、ひいては経済活動の拡大を背景とする以上、賃金上昇が企業収益に与える影響は基本的には企業の収益の拡大の範囲内である。要するに、企業が儲かっているから、人手不足になっているのであり、その儲けの中から人件費の上昇分を賄うわけだ。

「人手不足で人件費が上がり、企業収益が圧迫される」というマスコミは、経済全体の動きを表すマクロ経済に音痴であると白状しているようなものだ。

「出口政策を急げ」となるともはやわけが分からない。雇用の増加という派生需要増をもたらす大本の、拡大している経済活動を根こそぎにしようとする意見だ。急ぎすぎる出口になると、経済規模が縮小し、派生需要である雇用が安定しなくなる。そうなれば、賃上げはなくなり、企業のビジネスもうまくいかなくなる。

これも明らかにマクロ経済に対する無理解であり、そうしたことを論じるメディアは一刻も早く退出してもらったほうがいい。

異次元緩和を分析できないマスコミ

2017年10月に行われた衆院選後のアベノミクスに関する報道では、「金融緩和の出口や財政再建が課題」「景気の実感が薄い」「雇用の劣化が進んでいる」といったものがみられた。第2次安倍政権発足から5年になるが、いまだにアベノミクスをまともに分析できているとは思えない。

今や海外の経済ニュースが、そのまま衛星放送などで見られる時代だ。日本の総選挙での安倍政権の勝利も報道されていたが、その理由として「金融緩和が継続された結果」と分析されていた。

筆者の米国滞在経験では、金融政策が雇用政策であるという認識は、マスコミだけでなく一般人にもあった。米連邦準備制度理事会（FRB）が「物価安定」と「雇用確保」の2つを目標としているからだ。

マスコミも「雇用を良くするために金融を緩和し、物価を過度に上げないために金融を引き締める」という認識で報道していた。金融緩和は実質金利を下げるので、民間需要が増えるとともに、人への投資増、つまり雇用が増えるという経済理論の裏付けがあるものだ。

しかし、これを日本でわかっている政治家、学者、マスコミはごく少なく、特に日本の左派・リベラルでは皆無に近い。

米国では、08年のリーマン・ショック直後から量的緩和政策が行われており、既に9年が経過した。失業率は4・2%まで改善しており、これ以上の低下は期待できず、インフレ率が上がろうとしている。そこで、量的緩和の「出口」に向かっている。

日本では、アベノミクスによる異次元緩和は、まだ5年程度だ。今の段階で「出口」を主張するのは、よほど経済が分かっていない人か、量的緩和に反対してきて、バツが悪く居場所のない人だろう。

「金融緩和の出口」は、マクロ経済政策としては緊縮であるが、「財政再建が課題」というのも同種の緊縮策だ。今の段階でこれを叫ぶ人は、マクロ経済オンチをさらけ出している。

「景気回復の実感がわかない」というのもマスコミでしばしば聞かれるが、1980年代後半のバブル景気でも同じような声がよく聞かれた。そこで、どうなると景気の実感がわくのか、と質問すると、「自分の給料が倍になったら」という答えが多い。

そういう意味では、多くの人が「景気の実感がわく」というのはあり得ないので、この種の報道は今の景気をけなす意味しかない。

「雇用の劣化」という言い方は、２、３年前までは、「有効求人倍率が改善していても、非正規雇用が多い」と批判する意味合いで使われていた。ところが、正規雇用の有効求人倍率も１倍を超えてしまったので、この論法は使えなくなった。

今では、賃金が上がらないことを「雇用の劣化」と表現しているのだが、賃金が上がらないのは、失業していた人が職に就くときには低い賃金になり、平均値を押し下げるためだ。

失業率がこれ以上下げられない構造失業率に近づき、人手不足が本格化すると賃金は上がり出す。残念ながら、こうしたメカニズムを把握した報道にお目にかかることはめったにない。

罪が重い「痛みに耐える」論

消費税や年金問題などで、「将来のために痛みに耐えるべきだ」という論調は、いまも学者やメディアで見受けられる。

「痛みに耐える」論で有名なものに「米百俵の精神」があり、小泉純一郎政権発足直後の国会の所信表明演説に引用された。長岡藩の藩士、小林虎三郎による教育にまつわる故事であり、百俵の米を食べずに売却して学校設立資金に充てたという話だ。

今の財政で考えると、政府支出をする際、消費支出を削って投資支出に振り替えることに相当する。当面の消費支出を我慢できるのであれば、将来投資にかけてみるというのは、その投資が正しければ妥当な判断といえる。

問題は、その故事を曲解して使うことだ。よくあるのが「いま消費増税して債務を返済し、将来の不安を解消しよう」というたぐいの議論である。

いま消費増税するのは、いま政府支出を削減することと、マクロ経済から見れば同じである。そこで、ひとまずその是非は別として、消費増税と歳出削減は実質的に同じだと仮定しよう。その上で、次にくるのが、債務削減である。ここが重要なポイントであるが、債務削減と投資支出は似て非なるものだ。

こういうと、「痛みに耐える」論からの反論がある。債務はマイナスの投資であり、それを削減することは投資を行うことと同じというものだ。そのうえで、「いま消費増税（歳出削減）して債務を返済するのは、米百俵の精神に合致する」と主張するだろう。

しかし、正しい投資であれば、投資による将来の収益は、債務による将来の利払いを上回る。債務はマイナスの投資という側面はあるものの、債務削減による収益率は、投資の収益率を下回る。つまり、消費増税（歳出削減）したら、債務の返済に回すのではなく、適切な分野を選んで将来への投資をすることが正しい政策となる。

次に、消費増税（歳出削減）という前提を考えてみよう。「米百俵」の場合、米が他藩から送られてきたという他力的な事実がスタートである。しかし、消費増税（歳出削減）は主体的に行うところが大きく異なる。

マクロ経済からみれば、失業をなくすのが人的資源の最高の活用になる。そうでないと物的資源も活用できず、投資不足にもなる。社会的な人的・物的投資が最適水準より低くなれば、将来の富をも減少させる。

失業率が最低水準で完全雇用でなければ、消費増税（歳出削減）は、将来のマクロ経済の状況を悪化させ、ひいては将来の財政事情も危うくするので、不適切な手法だといえる。

「痛みに耐える」論は、本来の趣旨から逸脱しているのみならず、現在の人に痛みを与え、将来の人にも痛みを与える恐れがある危険な議論だ。

財政規律より「歳入庁」設置

２０１８年度予算案が17年12月22日に閣議決定されたが、メディアの論調は、「財政規律が緩んでいる」「税収増頼みだ」「防衛費が急増する一方、沖縄振興予算が減っている」といったものが多い。

18年度予算は、17年度に比べて全体の伸びが０・３％増とほぼ同じものである。省の予算でも、天皇陛下のご譲位行事のある皇室費の58・６％増を除くと、最大の伸びは内閣府の１・７％増で、最低は経済産業省の４・３％減である。11省で増額、６省で減額となる。

主要経費でみると、社会保障関係費４９９７億円増のほか、文教及び科学振興費79億円増、防衛関係費６６０億円増、公共事業関係費26億円増、その他８０６億円増を、国債費２２６５億円減などでカバーして、全体で２５８１億円増、０・３％の伸びとしている。

17年12月22日のＮＨＫ番組「時論公論」では、「来年度予算案　求められる新たな財政規律」というタイトルで、財政規律を問題にした。日本の財政状況について、国の借金総額が８８３兆円（18年度末）になるからだとしている。相変わらず、バランスシート（貸借対照表）の考え方が抜けており、「資産」を無視して「借金」だけをみている。

筆者は官僚時代、日本のバランスシート作成に携わった経緯もある。そこで米国と比較すると、ネット負債（資産負債差）額で、日本では４６５兆円（16年3月末）で国内総生産（ＧＤＰ）比87％、米国は19・３兆ドル（16年9月末）でＧＤＰ比１０４％だ。中央銀行を含めた統合政府では、日本では１６９兆円（16年3月末）でＧＤＰ比32％、米国は15・５兆ドル（16年9月末）でＧＤＰ比87％となっている。

日本の方が米国より財政状況がいいのだが、実はここ20年弱をみても、この傾向は常に一貫している。逆にいえば、日本は米国の数字を上回るようだったら注意したほうがいい。国には徴税権などの見えない資産があるので、少しぐらいネット債務額が大きくなっても、びくともしないが、それでも、米国が一応の目安になるだろう。

中央銀行を含めないベースでＧＤＰ比20％程度、含めるベースではＧＤＰ比60％程度の日米格差があるので、１００兆～３００兆円くらいの国債を発行したとしても、大きな財政問題にはならないと筆者は考えている。

前出のＮＨＫ番組で報道していたのは、高齢化による社会保障費増大の話だ。それに対して、社会保障は保険原理で運営されるので、それを徹底しておけば、かなりの問題は防げる。

まず、保険原理から、将来収支は将来費用に見合うように設計される。そこで、短期間で支出と費用を見直すことがまず必要だ。そうすれば、おのずと、費用の徴収漏れ問題に行きつくはずだ。

実は世界の社会保障は、ほとんどが保険方式であるが、徴収は税当局が行うことで効率性を高めている。歳入庁の設置が世界標準だ。日本でも、歳入庁がないことによって、数兆円の徴収漏れがあると指摘されているが、設置の動きがないのは不思議だ。問題のない財政規律よりも、その点をマスコミは主張すべきだ。

マスコミが無視した衆院公聴会

筆者は２０１８年2月21日、衆議院予算委員会公聴会に公述人として出席した。

公聴会は予算案審議において重要な意味を持つ。というのは、公聴会が終われば、これまでの経緯から言えば採決が行われるからだ。予算案は、衆議院での議決後30日以内に参議院が議決しないと衆議院の議決が国会の議決になるという衆議院の優越があるので、年度内の予算成立を目指す政府与党は公聴会日程を重要視しているのだ。このため、毎年ほぼこの時期に公聴会が行われる。ちなみに17年も2月21日だった。

筆者は、（1）マクロ経済政策は雇用の確保のために行うべきだ（2）財政状況は政府と中央銀行を会計的に連結した統合政府でみるべきで、現在の財政状況は米国よりいい（3）五輪前に規制改革が行われていないことは問題だ——と述べた。

（1）については、NAIRU（インフレを加速しない失業率）が日本で2％台半ばであることを説明し、それを達成する最小のインフレ率2％をインフレ目標としている。NAIRUの達成の具体策は、内閣府の計算したGDPギャップで2％という有効需要をつくることで、金融緩和か財政支出を行う必要があると話した。

そのうえで、「一流大学は常に就職率はいいが、うちみたいな大学は雇用状況の影響をもろに受けるので5〜6年前は厳しかったが、今はほぼ全員が就職している。教師の私が言うのも変だがこの5年間で学力の向上は全くなく、アベノミクスの金融緩和で失業率が下がったおかげである。学生は就職率の向上は自分の実力でないと理解しているので安倍政権の支持率が高い」と発言したら、議場で笑い声が上がった。

（2）の財政状況をめぐっては、「財政再建への注文が相次いだ」と報じられた。財政再建の必要性を説いたのは、事実上、財務省推薦のような人である。筆者はその真逆を主張したが、その報道では無視された。図らずもマスコミ報道の「切り取り術」が証明された。

（3）の規制改革については、「規制のサンドボックス（砂場のように自由に活動できる環境）」について、プロジェクト型（生産性革命法）と地域型（国家戦略特区法改正）ができるが、前者は主務大臣が計画認定することで首相主導を否定し、規制の特例措置もないので改革は厳しいとも指摘した。

また、加計学園の話もした。

「加計問題は時間の無駄だった。大学設置認可申請すらさせない文科省告示が問題で、認可制度があるのに認可申請させない告示は理解不能でほとんど法律違反だ。国家戦略特区では認可申請させることを決めただけで、たとえていえば自動車学校に入ってもいいというような話。運転免許はまた別だ」

「加計問題で国会が騒いだ弊害が出ている。国家戦略特区諮問会議や特区ワーキンググループの開催件数が激減しており、この弊害は結構大きいと思う。筋違いのことをされて萎縮している」

こうした本質論を述べたのだが、報道では全く無視された。

放送の新規参入がない「後進国」

政府は放送制度改革で2018年3月、政治的公平などを定めた放送法4条の撤廃方針や、ソフトとハードの分離などを打ち出したと報じられた。その背景や狙いはどのようなものだろうか。

筆者は官僚時代の06年当時、竹中平蔵総務大臣の補佐官を務めたことがある。そのとき筆者はもっぱら郵政民営化と地方財政を担当していたので、放送行政は担当外だった。通信と放送の融合に合わせた放送制度改革が議論されていたので、ちょっとのぞき見をしていたくらいだ。

当時の門外漢からみれば、放送法で規制されていることが、通信技術の発展によって有名無実化するので、放送制度改革を急がなければならないというのは「常識的」なもののように感じられた。ところが、実際には、放送の既得権が政治を動かし、改革は全く進まなかった。

総務省在籍当時、筆者の仕事部屋は大臣室の隣にある秘書官室だった。筆者とは面識のない多数の人が秘書官室に訪れ、名刺を配っていく。筆者も秘書官室の一員であるので、名刺をいただいた。それをみると、メディア関係の人たちだ。その中には、「波取り記者」と呼ばれる人も含まれていた。

「波取り記者」の「波」とは電波のことで、いわゆる「電波利権」を確保するために電波行政のロビイングをする人たちだ。こうした人は新聞業界にもいた。

彼らの政治パワーは強力であり、その結果として改革が全く進まなかったのだ。これは、日本の電波・放送行政が先進国で最も遅れた原因である。

本来であれば、10年以上前にやっておくべきであった。それができずに、時間を無駄にしてしまった。

技術の進展は目覚ましく、インターネットを使っての「放送」は安価に誰でもできるようになった。筆者も私塾をやっているが、かつては講義内容をテキストにして配信していたが、今ではビデオ配信だ。その方がコストも安く、速報性にも優れている。いうなれば、今や電波の希少性を超えて、誰でも「放送」ができるようになったわけだ。この「放送」は、放送法の範囲外である。

これまでは、電波は希少性があるので与えられる対象が少なくならざるを得ず、少数の既得権者は公共のために放送法を遵守しなければならないという理屈だった。だが、電波の希少性という物理的な制約がなければ、放送法の規制は最小必要限度となり、様々な主体の参入を認めて、その競争に委ねるという政策が可能になる。

特に日本では先進国の中で唯一、電波オークションを認めず、放送では新規参入がないというくらい「後進国」だといわざるを得ない。

ようやく放送制度改革の機が熟したと言えるだろう。幸いにも、安倍政権はこうした規制改革に熱心だ。

日本の多くのマスコミには左派傾向があるという意見もあるが、改革によって日本のメディアが国際的になるのであれば、それは国益に資するだろう。

「増税で財政再建」という虚構

２０１７年度の一般会計税収が、当初見込みを約1兆円上回ると18年6月に報じられた。だが、メディアの報道は「国債依存は変わらない」「財政再建は厳しい」といった論調に終始した。

税収が増えた理由は単純で、経済成長したからだ。17年度の名目国内総生産（GDP）成長率は2次速報値で1・7％だった。

この名目成長率に対して、税収がどの程度伸びるかを税収弾性値という。財政当局は、この値を「1・1」と見積もっているが、実際の数字は「3」程度である。今回も税収は5％程度も伸びており、やはり財政当局の数字は過小だったことがわかってしまった。

経済の伸び以上に税収が伸びるのはなぜか。一つは所得税が累進税率であるためだが、もう一つは、それまで赤字で法人税を払っていなかった企業が払うようになるからだ。

これは、財務省で税務の執行を経験した人なら誰でも知っていることなのだが、税収弾性値の議論となると、かたくなに低めに設定しており、意図的だといわれても仕方ないだろう。

税収弾性値を低めに見積もるのは、「経済成長しても財政再建はできないので増税が必要だ」とのメッセージだといえる。これに国民は納得しているのだろうか。マスコミをだませたとしても、そのマスコミを信じない人が多くなりつつある。いつまでこの虚構がもつだろうか。

ほとんどのマスコミは財務省が取材のネタ元なので、はっきりいえば財務省の言いなりである。マスコミとの財務省の関係をみるうえで、今回の報道では別の問題も抱えている。

16年度の税収は17年7月5日に発表された。それが17年度の税収見込みは多くのマスコミで18年6月26日に報じられた。これは、財務省からのリークの可能性がある。

筆者がその意図を邪推すると、「ちょっと早めに教えるけど、『財政再建はやはり必要だ』と書いてほしい」ということではないだろうか。

財政状況について、中央銀行を含む統合政府の「ネット債務残高」対ＧＤＰ比でみるという世界標準のまともな報道は、今の日本のマスコミではほとんどない。

統合政府のネット債務残高は実質的にほぼゼロであるが、一部の政府関係者は「日銀の日銀券などは債務なので、ネット債務額は４５０兆円程度あり、筆者の意見が間違っている」と主張しているようだ。

日銀券などは確かに形式的には債務である。しかし、本来無利息、無償還のものであるので、経済的にみて債務にカウントする必要はない。ノーベル経済学賞を受賞したスティグリッツ教授は「日銀の国債保有分は、政府の国債が無効化されている」と表現している。

そういえば、このスティグリッツ教授の意見もマスコミはほとんど取り上げない。財政当局に対して軽減税率導入などをめぐる恩義や思惑があるのかと勘ぐられることのないように、国民に正しい情報を伝えてほしい。

不祥事を「転じて福」となせるか

本書で述べてきたように、財務省は決裁文書の改竄、そしてセクハラ疑惑で、旧大蔵省の接待汚職以来となる事務次官の途中辞任という事態に見舞われた。

財務省の問題をめぐって、筆者は面白い体験をした。某紙から取材を受けたのだが、質問は「財務省の不祥事で財政再建が後退することとの日本経済への影響」というものだった。取材者の意図は、財政再建が後退すると日本経済にはマイナスになるが、これでいいのかというものだったのだろう。

筆者は、時間の無駄になることは承知で次のように対応した。

財務省はこれまで「日本は財政危機であり、財政再建が必要だ」と言ってきた。一方、今回の不祥事で分かったことは、決裁文書の改竄を行い、国会で嘘ともいえるような答弁をしてきたこと。そしてセクハラ疑惑では、危機管理対応の観点でも、かなり杜撰な対応だったことだ。いずれも財政危機との説明と似ていて、真実を語っているとは言いがたい。

今回の不祥事で財務省の説明に嘘があることがばれれば、マスコミや国民の呪縛も解けるのではないか。その結果、財務省が唱える緊縮財政（増税や歳出カット）という間違った政策が正されれば、日本経済にとってプラスである――。

こう言ったら取材者はかなり混乱した様子だった。「マスコミの皆さんは、財務省に洗脳されていて、財政危機であると信じ込んでいるでしょう」と水を向けたら、「その通り」と言い、「財政危機ではないのか」と聞いてきた。

財政状況は、政府のバランスシート（貸借対照表）に表れる。総債務残高から資産を差し引いたネット債務残高対国内総生産（ＧＤＰ）比が重要となるが、日銀を含めた連結ベース（統合政府）では、ほぼゼロであり、他の先進国と比較するまでもなく財政危機ではないと説明した。

「その根拠を示してくれ」と言うので、「ネット上で検索すればいくらでも出てくるし、必要なら取材に応じてもいい」と言っておいた。なお、2017年に来日したノーベル賞受賞学者のジョセフ・スティグリッツ氏も同意見を述べていることも付け加えておいた。

今のほとんどのマスコミでは、「財政危機ではない」という意見はまともに報じられないだろう。それほど、マスコミは財務省の言いなりになっているとみていい。

事務次官を辞任した福田淳一氏は、辞任表明の記者会見においてまでも消費増税や財政再建堅持を主張していた。財務省が信頼を失ったので19年の消費増税や財政再建路線に影響が出るか、という問いかけに対して、「財務省は財政の管理人でしかない。管理人の不祥事があるからといって、財政問題に結びつけた議論はしないでほしい」とも述べていた。しかし、管理人が財政危機を過度に煽るような情報を流していれば、「善良な管理人」とはいえない。

今回の財務省不祥事が契機となって、経済を痛めつけるような緊縮財政策がなくなれば、日本経済にとっての好機となり、災い転じて福となるだろう。

本書は、夕刊フジで連載中の「『日本』の解き方」（2017年2月～18年7月掲載分）を元に加筆し、再構成しました。肩書き、データなどは原則として紙面掲載当時のもの、本文の註は編集部によるものです。

髙橋洋一（たかはし・よういち）

（株）政策工房会長、嘉悦大学教授。1955年、東京都生まれ。東京大学理学部数学科・経済学部経済学科卒業。博士（政策研究）。80年、大蔵省（現・財務省）入省。大蔵省理財局資金企画室長、プリンストン大学客員研究員、内閣府参事官（経済財政諮問会議特命室）、内閣参事官（首相官邸）などを歴任。小泉純一郎内閣・第1次安倍晋三内閣で経済政策のブレーンとして活躍。著書に『さらば財務省！』（講談社、第17回山本七平賞受賞）、『「官僚とマスコミ」は嘘ばかり』（ＰＨＰ新書）、『財務省を解体せよ！』（宝島社新書）など多数。2010年1月から夕刊フジで「『日本』の解き方」を好評連載中。

マスコミと官僚の小ウソが日本を滅ぼす

平成30年8月5日　第1刷発行

著　　者　髙橋洋一
発 行 者　皆川豪志
発 行 所　株式会社産経新聞出版
〒100-8077 東京都千代田区大手町1-7-2
産経新聞社8階
電話　03-3242-9930　FAX　03-3243-0573
発　　売　日本工業新聞社　電話　03-3243-0571（書籍営業）
印刷・製本　株式会社シナノ

ISBN 978-4-8191-1343-4　　C0095
